Dr. Engel

Die moderene Wohnungsnot

Signatur, Ursachen und Abhilfe

Dr. Engel

Die moderene Wohnungsnot
Signatur, Ursachen und Abhilfe

ISBN/EAN: 9783743491410

Hergestellt in Europa, USA, Kanada, Australien, Japan

Cover: Foto ©Suzi / pixelio.de

Manufactured and distributed by brebook publishing software
(www.brebook.com)

Dr. Engel

Die moderene Wohnungsnot

Die moderne Wohnungsnoth.

Signatur, Ursachen und Abhülfe.

Von

Dr. Engel,

Geh. Ober-Regierungsrath; Director des Königl. Preuß. Statist. Bureaus.

Leipzig,

Verlag von Duncker & Humblot.

1873.

Vorwort.

Als dem Verfasser vorliegender kleinen Schrift die Aufgabe zugefallen war, auf der von einigen seiner Freunde und ihm veranstalteten Conferenz zur Besprechung volkswirthschaftlicher Fragen in Eisenach, am 6. und 7. October d. J., den einleitenden Vortrag zu einer Debatte über die Wohnungs=verhältnisse zu übernehmen, hatte er sofort erklärt, daß es ihm, angesichts der weit auseinander gehenden Meinungen hierüber, unzweckmäßig erscheine, schon jetzt bestimmte Thesen zu formuliren, auf welche die Debatte sich concentriren könne; daß er die Lösung seiner Aufgabe vielmehr in der Erstattung eines historisch=statistischen Berichts über das Wesen, die Ursachen und die Mittel zur Abhülfe der Wohnungsnoth erblicke. Diese Ansicht fand Zustimmung, eben so die, daß die beiden anderen Gegenstände der Tagesordnung — die Fabrikgesetzgebung und die Gewerkvereine — für welche die Referenten Re=solutionen vorzuschlagen hatten, vorher zur Berathung gelangten. Bekanntlich nahm letztere so viel Zeit in Anspruch, daß dem Referenten des dritten Gegen=standes nur erst, nachdem die Sitzung des zweiten Versammlungstages bereits 5 Stunden gedauert hatte, das Wort ertheilt werden konnte. Nothgedrungen mußte sich derselbe auf die Mittheilung nur weniger Notizen aus dem zur Stelle gebrachten Materiale beschränken; es geschah jedoch mit dem Vorbe=halte, die schriftliche Ausarbeitung des Vortrags in extenso dem Rechen=schaftsberichte über die Conferenz einverleiben zu dürfen. Von jenem Vor=behalte ist Gebrauch gemacht worden. Um aber auch der Schilderung eines in dem Vortrage erwähnten Planes zur Abhülfe der Wohnungs=noth durch Errichtung von „Miether = Actiengesellschaften" eine größere Ausdehnung und der Beurtheilung desselben genügende Anhaltepunkte zu geben, hielt es Verf. für seine Schuldigkeit (und die Verlagshandlung bot bereitwilligst die Hand dazu), einen Separatabdruck des Vortrags zu bewirken und diesem als Anhang den Statutenentwurf und den Rentabilitätsnachweis einer solchen Actiengesellschaft hinzuzufügen. Ersterer soll weder ein Muster- oder Normalstatut darstellen, noch will letzterer eine Reclame für irgend eine sich etwa hiernach bildende Gesellschaft sein. Sondern diese Art der Darlegung der Gedanken ward nur deshalb gewählt, weil sie am besten die Ausführbarkeit oder Nichtausführbarkeit eines Planes erkennen läßt, dessen Verwirklichung sich doch in ähnlichen handelsrechtlichen Formen bewegen müßte.

Das dritte Stück des Anhangs ist der wörtliche Abdruck eines viel gebräuchlichen Berliner Miethcontractes. Sein trockener Inhalt kennzeichnet besser den in Großstädten herrschenden Grad des Wohnungsfeudalismus, als es die farbenreichste Beschreibung zu thun vermöchte.

Bei der Kritik unserer kleinen Schrift wolle man geneigtest in Erwägung ziehen, daß sie sich, schon ihrer Veranlassung und Entstehung nach, nicht mit der Gesammtheit der Wohnungszustände beschäftigen konnte, sondern vorzugsweise die moderne Wohnungsnoth ins Auge zu fassen hatte, und daß dies in gedrängtester Form geschehen mußte. Eins wie das Andere wird es entschuldigen, wenn in vorliegender Schrift, absichtlich und unabsichtlich, manche treffliche Arbeit über beregten Gegenstand unerwähnt und unbenutzt blieb.

Berlin, Anfang November 1872.

Der Verfasser.

I. Die Signatur der Wohnungsnoth.

Obgleich gegenwärtig die Wohnungsnoth und Wohnungsreform stehende Rubriken aller Zeitschriften geworden sind, so ist erstere doch keineswegs eine ganz neue Erscheinung. Im Gegentheil, Klagen über dieselbe erschollen aus derjenigen Stadt, die heute vielleicht am stärksten davon betroffen ist, aus Berlin, schon im Jahre 1815. Sehr werthvolle Aufschlüsse darüber, wie es um die Wohnungsverhältnisse bald nach dem Kriege von 1813 bis 1815 in Berlin aussah, ertheilt die im Jahre 1829 zu Berlin erschienene Schrift „Statistische Uebersicht von der gestiegenen Bevölkerung der Haupt= und Resi= denzstadt Berlin in den Jahren 1815 bis 1828 und der Communaleinnahmen und Ausgaben derselben in den Jahren 1805 bis 1828". Indessen nicht blos aus dieser Schrift, sondern zugleich auch aus der schon im Jahre 1817 veröffentlichten „Die Stadtverordneten zu Berlin an ihre Mitbürger über die Verwaltung ihrer Communalangelegenheiten" geht hervor, daß damals die Hausbesitzer in vieler Beziehung „Ambos" waren, obschon die Miether keines= wegs als diejenigen bezeichnet werden können, welche den Hammer schwangen. Wohnungsveränderungen sind früher fast eben so viel vorgekommen, als gegen= wärtig. Aus dem Jahre 1828 liegt z. B. eine Notiz über die einzelnen historischen Stadttheile Berlins vor, welche nachweist, daß ca. $\frac{1}{3}$ der Gesammt= bevölkerung jedes derselben die Wohnung veränderte, und daß in 51,817 Quartieren in 7,300 Häusernder Stadt überhaupt 18,305 Auszüge und 18,077 Einzüge stattfinden.

Erst gegen das Jahr 1840 tauchte die Wohnungsnoth — und mit ihr die Wohnungsreform=Frage auf. Es war V. A. Huber, der sie aufwarf und der in verschiedenen öffentlichen Vorträgen und Schriften mit der ganzen, ihm zu Gebote stehenden Gefühlswärme und Ueberzeugungstreue für sie ein= trat. Er wies auf die jammervollen Wohnungen der arbeitenden Klassen in den Fabrikdistricten und der sogenannten kleinen Leute in den großen Städten hin und bezeichnete erstere als eine der Hauptursachen des überaus traurigen physischen, ökonomischen und moralischen Zustands eines großen und wichtigen Theils der Bevölkerung. Wie er aber niemals blos kritisirend, sondern zugleich rathend und helfend zu Werke ging, so wies er auf die mehr oder minder erfolgreichen Bestrebungen zur Beseitigung ähnlicher Nothstände in England, Frankreich und Belgien hin, und forderte die Menschenfreunde in Deutschland zu gleichem Thun und Handeln auf. So ward Huber gleichsam der Begründer einer jetzt kaum noch zu bewältigenden Literatur über die Wohnungsnoth und Wohnungsreform.

Man darf behaupten, daß in den letzten 30 Jahren zur Reform der Wohnungsverhältnisse in allen Culturstaaten außerordentlich viel geschehen ist. Bekanntlich wurde sie ja von den einflußreichsten und mächtigsten Personen patronisirt. Sowohl der verstorbene Prinz=Gemahl der Königin von England, als auch der Kaiser Napoleon III. haben ihr großen Vorschub geleistet, indem sie selbst Hand an's Werk zur Erbauung von Musterhäusern und zur Herstellung von Musterwohnungen für die arbeitenden Klassen legten und dadurch viele Andere zur Nachahmung des gegebenen Beispiels veranlaßten.

Die Reform faßte die drei Seiten der Wohnungsnoth ins Auge: 1. Vermehrung der überhaupt der Zahl nach ungenügenden Wohnungen; 2. Verbesserung der in sanitärer Beziehung mangelhaften Wohnungen; 3. allmähliche Umwandlung der Miether in Hauseigenthümer durch Vereinigung von Miethe und Amortisation. Die zur Bewerkstelligung dieser Reformen in's Leben gerufenen Mittel gipfeln in den sogenannten gemeinnützigen Baugesellschaften der großen Städte, in den Arbeiter=Wohnhäusern und Colonien (cités ouvrières) und in den nach Art der englischen benefit building societies eingerichteten Baugenossenschaften. Jede dieser drei Kategorien hat ihre Geschichte und Statistik, allein es ist hier weder der Ort noch die Zeit, auf die eine oder die andere einzugehen. Wer sie näher kennen lernen will, findet in der ziemlich reichhaltigen Literatur genannter Einrichtungen das beste Material dazu. Nur dies sei hier erwähnt, daß Deutschland in Benutzung der Mittel zur Wohnungsreform am meisten zurück geblieben, England am weitesten und intensivsten vorgeschritten ist, so daß dort von einer eigentlichen Wohnungsnoth keine Rede ist. Insbesondere sind jene benefit building societies (die übrigens keine Wohlthätigkeitsanstalten mehr sind und das Wort benefit zu Unrecht tragen) zu einer Ausdehnung gelangt, wovon selbst in England die wenigsten Menschen eine Kenntniß, geschweige eine richtige Vorstellung haben. Dem Wesen nach sind diese Gesellschaften Bausparkassen, die jedem Einleger Gelegenheit geben, durch Einzahlungen von bestimmter Größe in einer bestimmten Reihe von Jahren ein Grundstück eigenthümlich zu erwerben, während der Erwerbungszeit aber schon in demselben als Eigenthümer zu wohnen. Solcher Bausparkassen giebt es nach dem neuesten (II.) Report of the Commissioners appointet to inquire into friendly and benefit building societies, London 1872, in England und Wales allein c. 2000 mit 800,000 Mitgliedern, welche zusammen die Häuser ihrer Mitglieder mit 16,000,000 Pfd. Sterling hypothekarisch beliehen und über 11,000,000 Pfd. Sterl. Jahreseinkünfte durch Spareinlagen und Amortisationsraten haben. Hiervon entfallen auf London allein 700 Gesellschaften mit 3,910,000 Pfd. Sterl. hypothekarischer Darlehen an ihre Mitglieder. — In Schottland sind 88 building societies registrirt, die zusammen 1,285,923 Pfd. Sterling hypothekarische Außenstände bei ihren c. 21,000 Mitgliedern haben. — In Irland befinden sich 17 solcher Gesell= schaften mit 3,836 Mitgliedern und 644,820 Pfd. Sterl. hypothekarischer Außenstände bei denselben.

Nicht so generelle, indessen über einzelne building societies und damit in Zusammenhang stehende societies oder associations for improving the dwellings of the industrious classes und deren Leistungen in Großbritannien höchst werthvolle und vollständige Auskunft giebt das 2. Capitel „on building societies" des 6. Bandes der Reports on the Paris Universal exhibition 1867 containing the returns relative to the new order of reward.

Weder in Frankreich, noch in Deutschland, noch in Belgien haben die Bausparkassen Platz gegriffen, obgleich es in jedem dieser Länder nicht an wie= derholten und ernstlichen Versuchen gefehlt hat, sie einzubürgern. Die hie und da vorhandenen Kassen genannter Art sind sporadische Erscheinungen und haben im Vergleich zu Großbritannien und den Vereinigten Staaten Nord= amerika's sehr wenig zur Wohnungsreform beigetragen. Dafür sind auf dem Continent, indessen auch nicht hervorragender als in England, die großen Arbeitgeber bemüht gewesen, die Wohnungsverhältnisse ihrer Arbeitnehmer zu verbessern und letzteren zum Besitze eines kleinen Grundeigenthums zu ver= helfen. Eine sehr dankenswerthe Uebersicht der bedeutendsten und beachtens= werthesten Leistungen auf diesem Gebiete enthält u. a. der 6. Band, Abschnitt „Arbeiterwohnungen" Klasse 93, des unter der ausgezeichneten Redaction des Regierungsraths und Professors F. X. Neumann in Wien zu Stande gekommenen Pariser Weltausstellungs=Berichts, auf den wir hiermit ver= weisen.

Ist nun auch alles Das, was bisher zur Verbesserung der Wohnungs= verhältnisse der arbeitenden Klassen geschehen, mit lebhaftem Dank anzuerkennen, so ist es doch nur ein sehr kleiner Theil dessen, was zu thun nöthig wäre. In= zwischen hat die Wohnungsnoth ganz andere Kreise ergriffen, als die der so= genannten kleinen Leute; bemittelte ja selbst wohlhabende Familien leiden unter ihr und gehen massenhaft durch ihre Wirkungen zu Grunde.

Hierdurch unterscheidet sich eben die Wohnungsnoth der Gegenwart von der der frühern Zeit, daß sie Schichten der Gesellschaft umfaßt, welche bisher nur wenig davon berührt wurden. Vernehmen wir nur einzelne Stimmen der Presse, um zu erkennen, welche Kreise und wie sehr dieselben von dieser neuen Socialepidemie heimgesucht werden. So schreibt der Berliner Corre= spondent der Augsburger Allgemeinen Zeitung unter dem 2. April d. J. völlig wahrheitsgetreu folgendes:

„Fast halb Berlin ist wegen des leidigen Wohnungswechsels seit 8 Tagen in fieberhafter Bewegung. Nur wenige Häuser hat der gegenwärtige Umzugs= termin unberührt gelassen. Viele haben ihre Insassen vollständig gewechselt, andere zur Hälfte. In einem Hause von 16 Miethern verblieb nur ein ein= ziger, und dieser nur Dank der Unterwerfung unter eine enorme Miethsstei= gerung. Die schlimmste Seite eines Berliner Umzuges besteht heute nicht in dem sehr beträchtlichen Kostenpunkt, auch nicht in der unausbleiblichen Schä= digung des Mobiliars, sondern in der anhaltenden Störung häuslichen Ordnung, in der durch die Wohnungsnoth geschaffenen Schwierigkeit, sein

1*

neues Daheim bald einzurichten. Um die schweren Sorgen und Ver=
drießlichkeiten, welche ein Berliner Wohnungswechsel im Gefolge hat, ganz
erfassen zu können, muß man selbst die Leiden eines Berliner Umzüglers durch=
gemacht haben. Nur in ganz seltenen Fällen findet der Miether, wenn er mit
seiner Habe bei der neuen Wohnung anlangt, diese geräumt. Meist muß er
sich glücklich preisen, wenn der ausziehende Miether ihm ein großes Zimmer
frei gemacht hat, in welchem er sein gesammtes Hausgeräth und seine Familie
für die nächsten 24 Stunden unterbringen kann. Zahlreiche Familien traf
diesmal das Mißgeschick, daß sie ihre alte Wohnung mit Sack und Pack ver=
lassen hatten und zu der neu gemietheten Wohnung keinen Zutritt erhalten
konnten, weil deren augenblickliche Inhaber, unter dem Vorwande, von den
Hauseigenthümer nicht rechtzeitig gekündigt worden zu sein, dieselben als un=
befugte Eindringliche zurückwiesen. Da war denn die Noth keine geringe,
da die Polizei in solchen zur Cognition des Gerichts gehörenden Fällen völlig
ohnmächtig ist. Ganze Familien geriethen dadurch nicht blos in eine vorüber=
gehende Obdachlosigkeit, sondern befanden sich auch noch in der peinlichen Lage
nicht zu wissen, wohin sie ihre Sachen schaffen sollten, die von dem Möbel=
beförderer inzwischen auf die Straße abgesetzt worden waren. In wieder an=
deren Fällen mußte die von dem Gericht angeordnete Exmission unter Anwen=
dung von Polizeigewalt vollzogen werden, wobei es hie und da sogar zu blu=
tigen Kämpfen kam. Wie groß die Zahl der obdachlos gewordenen Familien
ist, hat bis jetzt noch nicht festgestellt werden können und wird auch schwer=
lich jemals genau festgestellt werden. Nach einer ungefähren Schätzung be=
läuft sich dieselbe auf 1200 bis 1500 Köpfe. Das Arbeitshaus und die
Asyle für Frauen und Männer sind von solchen Unglücklichen vollständig über=
füllt. Zwei Familienväter haben sich aus Verzweiflung über die ihren Ange=
hörigen drohende Obdachlosigkeit das Leben genommen. Eine mit ihren vier
Kindern und geringen Habseligkeiten auf die Straße gesetzte arme Wittwe
fand Zuflucht bei mitleidigen Menschen. Zahlreiche Familienväter haben in
der Umgebung der Stadt armselige Bretterbuden aufgeschlagen, in denen sie
mit den Ihrigen bessere Tage erwarten, während Hunderte von Familien auf
die benachbarten Dörfer hinausgezogen sind. Aber auch in einzelnen dieser Ort=
schaften soll die Wohnungsnoth bereits eine solche Ausdehnung gewonnen
haben, daß sich beispielsweise in dem kleinen Schöneberg die Zahl der obdach=
losen Personen angeblich auf 200 beläuft. Eine Besserung dieser traurigen
Verhältnisse ist leider für die nächste Zeit nicht abzusehen, da die wenigen in
Angriff genommenen Neubauten sich fast nur auf Luxusbauten beschränken.
Die Neigung zur Herstellung billiger Familienwohnungen, welche schon seit
Jahren eine sehr schwache war, wird mit jedem Tage geringer, weil der Preis
des Grundes und Bodens, Dank der Speculationswuth, eine fast schwindel=
hafte Höhe erreicht hat; weil ferner das Baumaterial von einer gleichen Preis=
steigerung heimgesucht ist, und weil endlich die Ansprüche der Bauhandwerker
mit jedem Tag wachsen. Vollends aber wird die Baulust von der ewig
wiederkehrenden Strikebewegung unter den Maurern und Zimmergesellen dar=
niedergehalten".

Vorstehenden Mittheilungen aus Berlin lassen sich noch folgende authen=
tische Ziffern und Notizen hinzufügen.

„Am 6. April b. J. waren im städtischen Arbeitshause untergebracht 543 Personen, darunter 10 Männer, 155 Frauen, 378 Kinder, wovon 54 Säuglinge. Am selben Abend nächtigten im Asyl für obdachlose Frauen 43 Frauen, 33 Mädchen und 42 Kinder, und nach polizeilicher Schätzung bivouakirten zur selben Zeit noch circa 50 Familien in Buden und Eisenbahn= wagen auf freiem Felde. Rechnet man die Zahl der Familien nach der Zahl der Frauen im Arbeitshause und nach zwei Dritttheilen derjenigen im Frauen= asyl, so hat man 155+28+50=233 Familien, welche, da die obigen Ziffern heute noch ziemlich dieselben sind, absolut keine Wohnung beim Quartalwechsel finden konnten. Mindestens ebenso viele Familien mußten aber unter Auf= gabe der eigenen Wohnung sich mit einzelnen Stuben oder mit einem Antheil von einer solchen begnügen, so daß wenigstens 500 kleine Wohnungen in Berlin zu wenig vorhanden sind. — Bemerkenswerth ist, daß die Mehrzahl der im Arbeitshaus diesmal untergebrachten Familien durch ihr Mobiliar und ihre Quittungsbücher sich als ordentliche Leute und pünktliche Miethzahler ausgewiesen hat". —

„In einzelnen Stadtgegenden Berlins, beispielsweise vor dem Halle'schen Thor, in der Bellealliance=Straße, auf dem Köpenicker Felde, im sogenannten Weberviertel ꝛc. wechselten die Häuser durchschnittlich die Hälfte ihrer Insassen. In einem Hause der Stallschreiberstraße blieb von 16 Parteien nur eine einzige wohnen. Kein Wunder daher, daß selbst Familien des Mittelstandes obdachlos und genöthigt wurden, auf freiem Felde zu campiren. So entstand die Baracken= stadt auf der Schlächterwiese vor dem Cottbuser Thore, eine bunte Reihe der jämmerlichsten Hütten aus den werthlosesten Ausschußbrettern und Abbruchgegen= ständen zusammengenagelt, überall mit großen und kleinen Oeffnungen, durch welche der kalte Wind den Regen peitscht und das Fundament dieser Hütten, den rohen Erdboden, in Brei und Schlamm verwandelt. Wenn die glü= hende Sonnenhitze des hohen Sommers ungeschwächt eindringt, macht diese den Aufenthalt in den Hütten zur Qual. 260 Menschen, davon die Hälfte Kinder, zum Theil im zartesten Alter, leben Wochen und Monate lang in einer Erbärm= lichkeit, gegen welche das Prunken und die Schwelgerei der im Milliardenstrome Schwimmenden um so greller absticht."

„Zum Michaelistermin erwartete man noch eine Steigerung dieser Miß= stände. Glücklicherweise ist, was die Obdachlosgewordenen anlangt, gegen den Ostertermin keine Steigerung eingetreten, wohl aber hat der Wohnungswechsel selbst noch größere Dimensionen erreicht. Man behauptet, daß mehr als 200,000 Menschen durch die unbarmherzige Miethschraube zur Räumung ihrer bisherigen Wohnung gezwungen gewesen seien, so daß kaum ein Haus existire, welches nicht von diesem beispiellosen Insassenwechsel betroffen wurde. Nicht wenige Häuser erlitten in der That einen solchen Wechsel vom Dache bis zum Keller. Und hierzu kam die Noth um die Transportmittel, deren exorbitante Preise in den Umzugstagen über jedes Maß hinausgingen und nur noch von der Insolenz übertroffen wurden, mit welcher die Mannschaften der meisten Möbelfuhr= herrn die ohnehin über das Erträgliche hinaus geängstigten Miether behan= delten."

Verbergen sich wohl hinter den Worten, womit Emil Sax in Eingang seiner neuesten Schrift: „Der Neubau Wiens im Zusammenhange mit der

Donauregulirung, Wien 1869" die Wohnungsnoth seiner Heimath schildert, andere Zustände als die von Berlin gemeldeten? Daselbst heißt es: „Die Wohnungsnoth ist in Wien zu einer bleibenden Calamität geworden. Sie ist eine Thatsache von allgemeiner Notorietät, weil sie allgemein schon empfunden wird. Sie ist in Aller Munde, weil Jeder darunter leidet. Zwar sinkt ihre Intensität periodisch um einige Grade; die Zahl der leerstehenden Wohnungen vermehrt sich; die Zeitungen melden, daß die Baulust erwacht. Da plötzlich erscheint das Gespenst wieder, ja vielleicht grauenhafter und schrecklicher als vorher. Es hat demzufolge unter der Bevölkerung Wiens eine Art stiller Resignation, macht= loser Ergebung in das Unabwendbare, eine Art Abstumpfung gegen das anschei= nend unvermeidliche Uebel Platz gegriffen. Man hat die Hoffnung, den Gedan= ken an die Möglichkeit einer Hülfe aus der Noth wie einen unerfüllbaren Wunsch aufgegeben. Man spricht von der Wohnungsnoth seit Jahren wie von etwas Selbstverständlichem, das die Großstadt unabänderlich mit sich bringe, von dem man froh sein müsse, wenn es nur die äußerste Grenze des Er= träglichen nicht überschreite, das aber schweigend, wenn auch seufzend zu er= dulden sei."

Ganz gleichen Inhalts sind die Schilderungen, welche schon 12 Jahre früher Bernhard Friedmann von der Wohnungsnoth in Wien entwirft. Wien ist demnach hinsichtlich der Wohnungsnoth Berlin vorausgegangen. Nur hat die neue Kaiserstadt nicht verabsäumt, der alten den Vorsprung abzuge= winnen. In seinem 1857 erschienenen höchst beachtenswerthen Buche dieses Titels sagt der Verfasser: „Das Gefühl der Seßhaftigkeit ist im Laufe der letzten Jahre dem Wiener gänzlich abhanden gekommen. Kein Bewohner der Vorstädte fühlt sich von einem Quartale zum andern sicher auf seinem „Grund", in seiner Straße, zwischen seinen vier Mauern. Ebenso wenig weiß der Be= wohner der inneren Stadt zu sagen, in welcher Entfernung und in welcher bisher ihm unbekannten Gegend der weitgestreckten Hauptstadt er im nächsten Halbjahre seine müden Glieder zur Ruhe bringen werde. Von einer Woh= nung kann daher kaum mehr die Rede sein, höchstens von einem temporären Obdach, von steinernen Zelten, welche beständig ihre Besitzer wechseln. Niemand kann sich eines „zu Hause" rühmen oder erfreuen, Niemand kann es wagen, mit Vorbedacht auf künftige Familienereignisse seine Behausung zu wählen oder einzurichten. So geht ein Zug der Unruhe und Beängstigung durch die ganze Bewohnerschaft Wiens; ein flüchtiges Nomadenleben tritt an die Stelle einer ruhigen angesessenen bürgerlichen Existenz, und die Metropole Oesterreichs beherbergt in ihren Mauern eine ewig wandernde, sich gewaltsam drängende und stoßende Bevölkerung, welche voll Mißmuth über die Unsicherheit ihres häus= lichen Lebens und über die hohen Preise ihrer zeitlichen Obdache immer mehr das Gefühl der Anhänglichkeit an den heimathlichen Boden, die Theilnahme für die gemeinsamen localen und öffentlichen Interessen verlieren und den gesunden Sinn für die Ordnung und Ruhe einbüßen muß. Diese traurige Erscheinung einer fortwährend mobilisirten Bevölkerung fordert daher dringend dazu auf, daß die Aufmerksamkeit der Staatsmänner und der politischen Behörden sich ernstlich der Wohnungsfrage zuwende".

Aehnlich lauten die Schilderungen aus vielen anderen continentalen Groß= städten. Selbst aus Städten, deren Bevölkerungsziffer noch nicht einmal eine

Viertelmillion, wie Dresden, München, Breslau, Cöln, Leipzig, ja noch nicht hunderttausend, wie Halle a/S., erreicht hat, ertönen sie in ganz gleicher Weise. Die traurigen Wohnungsverhältnisse aller dieser Städte sind längst zur öffent= lichen Calamität erwachsen, und wohl Niemand erwartet ihre Beseitigung noch von der Alleinherrschaft „der ewig wahren volkswirthschaftlichen Gesetze von Nach= frage und Angebot". Schon zu lange haben die Staats= und Gemeindebehör= den der Sache so gleichgültig zugesehen, als wenn die höchsten staatlichen und Gemeindeinteressen dabei nicht mit auf dem Spiele ständen! Und doch ist dem so.

Bei der jetzt schon mehrere Jahre andauernden, für die Vermiether günsti= gen Wohnungsconjunctur ist es deren Gewohnheit geworden, Privatwohnungen nicht länger als auf ein Jahr, Geschäftslocalitäten für schweres Geld höchstens nur auf 2 bis 3 Jahre zu vermiethen. Hierdurch werden alljährlich tausende von Familien, eben so Väter, die für Läden und Fabriken arbeiten, und ihre erwachsenen Kinder oder andere junge Männer und Mädchen, die einen ge= sicherten reblichen Erwerb in der Nähe ihrer elterlichen Wohnung fanden, Kna= ben und Jünglinge, welche höhere Schulen besuchen und sich dort eingearbeitet haben, aus ihrer Lebensstellung und aus sicherem Brode vertrieben, wofern sie nicht durch Zahlung eines erhöhten Lösegeldes sich auf ein ferneres Jahr die Ruhe in den alten vier Pfählen erkaufen können. Und diese Klasse geradewegs heimathloser Menschen bildet in jeder Großstadt die immense Majorität, den Grundstock der Bevölkerung. Ihr gegenüber steht eine Minorität, welche von den Häusern, die sie besitzt, nicht blos ihre Lebensrente bezieht, sondern dieselbe, auf Kosten der Majorität, mühelos steigert, zur Verzweiflung insbesondere der= jenigen, welche außer Stande sind, die Steigerung abzuwälzen. Es bildet sich hierdurch ein neuer Klassenhaß aus, ein Haß zwischen Vermiethern und Mie= thern, der in Berlin schon eine bedenkliche Höhe erreicht hat und beiderseitig bereits zu höchst brutalen und bedauernswerthen Ausbrüchen geführt hat.

Die indirecten Wirkungen der Wohnungsnoth unserer Zeit greifen noch viel weiter.

Wir wollen hier keineswegs das wiederholen, was sich über den Einfluß der Wohnung auf das Familienleben, auf die Sittlichkeit u. s. w. sagen läßt. Das ist in den Schriften von Huber, Lette, Sax, Friedmann, Ruthen= berg, Migerka, Ratkowsky, Faucher, Stolp, Wiß, Born, Pénot, Ducpetiaux, Bißchers, Roberts, Chadwick, Wheeler ꝛc. ꝛc. aufs Trefflichste geschildert. Auf etwas Anderes möchten wir aber noch hinweisen, auf die Schädigung der Industrie und der gesammten nationalen Arbeit, welche aus solcher Heimathlosigkeit der Mehrzahl der städtischen Bewohner nothwendig hervorgeht.

Miethssteigerungen und Häuserschacher bedingen sich, wie Jedermann aus Erfahrung weiß, gegenseitig. Nur die wenigsten Bürger der Städte bauen Häuser, um darin zu wohnen, sondern um die Wohnungen zu vermiethen. Haus= oder Miethsherr zu sein, ist in allen Städten, wo das Etagenwohnen Sitte ist, ein besonderer Lebensberuf geworden, ein Beruf, bei welchem einer= seits die Procente des im Hausbau oder Hauskauf angelegten Capitals, anderer= seits der äußere Schein der Häuser die erste Rolle spielen. Jenes wie dieses wirkt vortheilhaft auf den Verkauf der Häuser, wozu ein gewerbmäßiger Haus=

eigenthümer und Wohnungsvermiether stets bereit ist, sobald ein nennenswerther Vortheil dabei herausspringt. Die meisten Bauunternehmer bauen zu gar keinem anderen Zweck, als um die erbauten Häuser wieder zu verkaufen. Dies macht das solide Bauen mehr und mehr zur Ausnahme, das unsolide zur Regel. Das Haus ist seinem Erbauer oder seinem Eigenthümer gleichgültig, denn er betrachtet es nur als eine Waare, die er möglichst bald und mit Nutzen los zu werden sucht; er hat kein Interesse an der langen Dauer desselben, an der Güte der dazu verwendeten Materialien, an der Aechtheit der Ornamente zum Schmuck der Façaden, Treppenhäuser, Vestibüle ꝛc., an der nachhaltigen Solidität der Thüren, Fenster, Fußböden, Tapeten u. s. w. Damit kommt der Geist der Unsolidität in die Baugewerbe.

Weil nun aber auch die Miether in ihren Wohnungen nie heimisch werden können, bald in diese, bald in jene geworfen werden, so müssen sie sich darauf gefaßt machen und sind es, daß sie ihre Möbel und sonstigen Einrichtungsstücke bei jedem Wechsel verändern. Sie werden dadurch genöthigt, auf wohlfeilen Hausrath Bedacht zu nehmen, den sie morgen mit derselben Gleichgültigkeit verkaufen oder verauctioniren, mit welcher sie ihn heute anschaffen. Gleichzeitig sehen sie sich gezwungen, durch äußerliche Eleganz ihrer häuslichen Einrichtung deren innere Werthlosigkeit zu verdecken. Eine Pietät für alte solide Erbstücke ist unmöglich. Unendlich viele Miether wären wohl geneigt, ihre Wohnung mit Meubeln zu schmücken, welche für dieselbe passen, allein für eine Wohnung, die man kaum auf ein Jahr oder ein Halbjahr sicher hat, kann man sich kein bewegliches Eigenthum anschaffen, das einen wirklichen Werth hat. Sagt doch schon ein altes Sprüchwort: „Dreimal ausziehen ist so schlimm wie einmal abgebrannt".

Wer erkennt hier nicht den Zusammenhang der Bauspeculation und der Wohnungsnoth mit der zunehmenden Unsolidität der Erzeugnisse vieler unserer Bau- und Wohnungsausstaffirungs-Gewerbe? Die meisten Gewerke wissen und erlebten es an sich selbst, daß sie mit theuerern, weil solideren Waaren ihrer Kundschaft gar keinen Gefallen erweisen, daß sie gute Waaren auf dem Lager behalten würden. So entstehen denn in den großen Städten die vielen Handlungen mit eleganten Meubles und blendenden Meublesstoffen, die aber mit nur wenigen Ausnahmen auf Solidität und wirkliche Preiswürdigkeit keinen Anspruch machen können. Die Klagen über die stetig wachsende Unsolidität der Industrie finden, zum Theil wenigstens, hierin ihre Erklärung, die Unsolidität selbst aber eine mit jedem Tage reichlicher fließende Quelle ihrer Nahrung. —

Ist es schon schwer, die directen Wirkungen der Wohnungsnoth zur Ziffer zu bringen, so scheitert doch jeder Versuch, der angestellt wird, um indirecte Nachtheile der Art, welche wir so eben bezeichneten, zu quantificiren. Jene kann man z. B. in Berlin an dem Umstande ermessen, daß 1830 (der Beginn der Aera des gewerblichen Aufschwungs sowohl der Stadt als Preußens und des Zollvereins überhaupt) der Durchschnittspreis einer Wohnung (bei 51,794 Wohnungen mit zusammen 4,405,340 Thlr. Miethswerth) sich auf 85,06 Thlr. belief, im Jahre 1872 (bei 173,003 Wohnungen mit zusammen 29,619,261 Thlr. Miethswerth) auf 171,19 Thlr., also in ca. 40 Jahren genau um das Doppelte, per Jahr um $2^{1}/_{2}$ Procent gestiegen ist.

1815 betrug der Durchschnittspreis sogar nur 39,₀₆ Thlr.; bei der Erhöhung bis auf 85 Thlr. (in der Zeit von 1815 bis 1830) sind indeß noch andere formale, im Besteuerungsmodus liegende Ursachen wirksam gewesen.

Zur Erkenntniß dessen, wohin wir treiben, müssen wir die Wandelung der Wohnungspreise etwas näher in's Auge fassen. Hierzu eignen sich die Nachrichten über Berlin deshalb besser, als irgend welche andere, weil sie aus genannter Stadt über eine sehr lange Reihe von Jahren vorliegen. Die Nachweise des Magistrats zu Berlin unterscheiden Wohnungen von unter bis 30, 31—50, 51—100, 101—200, 201—300, 301—400, 401—500, 501—1000, 1001—1500 und über 1500 Thlr. Von solchen Wohnungen waren nun vorhanden in Procenten der Gesammtzahl:

	1815/16	1829/30	1840/41	1850	1860	1870	1872
unter 30 Thlr.	58.20	24.62	18.69	18.78	9.70	7.20	4.93
31— 50 „	16.94	29.74	31.98	33.23	26.09	21.58	16.55
51— 100 „	13.88	23.82	24.52	24.56	32.15	35.74	38.30
101— 200 „	7.58	13.59	14.69	13.70	17.90	18.35	20.88
201— 300 „	2.04	4.46	4.99	4.75	6.32	6.75	7.38
301— 400 „	0.71	1.82	2.20	2.14	3.01	3.45	3.99
401— 500 „	0.31	0.98	1 16	1.04	1.68	2.07	2.40
501—1000 „	0.31	1.25	1.40	1.41	2.38	3.30	3.99
1001—1500 „	0.08	0.22	0.37	0.39	0.77	0.69	0.84
1501 u. darüber „	—	—	—	—	—	0.57	0.74
Summa:	100.00	100.00	100.00	100.00	100.00	100.00	100.00
absolut:	40,588	51,817	63,551	79,910	95,876	166,144	173,003

Man sieht hieraus deutlich, daß die wohlfeilen Wohnungen immer mehr verschwinden und die theueren immer mehr überhand nehmen. Wenn diese Miethpreis = Steigerungen und Preisverschiebungen nichts anderes als eine Folge der Verbesserung der Wohnungen wären, könnte man sich wohl mit ihnen zufrieden erklären; das sind sie aber keineswegs. Wer die Wohnungen der sogenannten kleinen Leute von jetzt und früher aus eigenem Augenschein kennt, der weiß, daß, was die Zahl der Räume, ihre Größe, Zugänglichkeit und sanitäre Beschaffenheit anlangt, selbst für den doppelten bis dreifachen Preis Das jetzt nicht zu haben ist, was vor circa 30 Jahren für den einfachen ermiethet werden konnte. Wohnen doch gegenwärtig noch über 80,000 Einwohner Berlins unter der Erde! Nach obigen Ziffern vermehrte sich die Gesammtzahl aller Wohnungen 1840/41 bis 1872 um 273,₈ Procent, je 100 Wohnungen von unter bis 30 Thlr. verminderten sich aber in der nämlichen Zeit bis auf 71, und auch das Wachsthum der Zahl der Wohnungen von 31—50 Thlr. blieb hinter dem Wachsthum aller Wohnungen zurück. Je 100 jener vermehrten sich nur auf 141. Dagegen vermehrten sich je 100 Wohnungen von 51—100 Thlr. auf 425, von 101—200 Thlr. auf 386, von 201 — 300 Thlr. auf 403, von 301 — 400 Thlr. auf 493, von 401 — 500 Thlr. auf 563, von 501 — 1000 Thlr. auf 777 und von 1001—1500 Thlr. und darüber auf 1151.

Daß Berlin keineswegs allein in so rapider Wohnungs-Preissteigerung begriffen ist, dafür giebt es Beweise genug. Sehr werthvolles Material hat in dieser Beziehung Dr. Ruthenberg in seinem Aufsatz „Städtische Wohnungen und Miethspreise" schon im Jahre 1857 der Monatsschrift für deutsches Städte- und Gemeindewesen einverleibt.

Neu dagegen dürfte sein, daß trotz der Entfestigung Wiens und der Preisgabe der Glacis zu Baugründen auch in dieser Stadt die wohlfeilen Wohnungen immer seltener werden. Der mustergültige Bericht des Bürgermeisters Dr. Cajetan Felder über die Communalverwaltung der Residenzstadt Wien im Jahre 1871 spricht es offen aus, „daß die Stadterweiterung nicht von erheblich günstigem Einflusse in Bezug auf die Abhülfe gegen Wohnungsnoth sein konnte, indem diese Bauten nur große Wohnungen und weitläufige Geschäftslokalitäten für Industrielle und Anstalten entstehen ließen. Aehnliches wiederholt sich auch in der der inneren Stadt zugekehrten Peripherie der Vorstädte, und die auf kleinere Wohnungen angewiesene Bevölkerung wird somit immer mehr an die äußere Peripherie der Stadt gedrängt, wo der Linienwall eine Schranke bildet, hinter welcher die Vorstädte beginnen."

Sax theilt mit, daß der durchschnittliche Miethzins per Kopf der Bevölkerung in Wien betrug 1856 41,₆ fl., 1860 49,₆₀ fl., 1865 57,₁₆ fl., 1866 56,₃₅ fl., 1868 54,₃₀ fl. Das Herabgehen im Jahre 1868 gegen 1866 ist jedenfalls mehr eine Folge des Krieges als der Vermehrung der Wohnungen durch Neubauten.

Ueber die Miethpreis-Steigerungen und das Verschwinden der kleinen und minder kostspieligen Wohnungen in Paris existirt gleichfalls eine vollständige Literatur. Wir erinnern uns, vor etwa 3 Jahren unter Anderem in einer Broschüre (die uns leider nicht mehr zur Hand und deren genauer Titel uns entfallen ist) den Beweis für den Sinn ihres Titels, der etwa lautete: „Les locataires de Paris mangés par les propriétaires des maisons" vollständig erbracht gelesen zu haben. Nach dem Kriege von 1870/71 haben sich dort die Verhältnisse allerdings gewaltig geändert, doch keineswegs so sehr zu Gunsten der Miether, als man wohl glauben sollte. —

Das Obdach ist für jeden Menschen eine Nothwendigkeit ersten Ranges und steht mit den Bedürfnissen der Nahrung und Kleidung auf gleicher Stufe. Ausgaben hierfür sind unerläßlich; ihre Höhe greift tief in die Lebensverhältnisse der Familien und der Einzelnen ein.

Zwischen den Gesammteinkünften einer Familie und den Ausgaben für die physische Erhaltung besteht ein enger Zusammenhang, der die Regelmäßigkeit eines socialen Gesetzes hat, welches lautet: Je geringer die Einkünfte, ein verhältnißmäßig desto größerer Theil muß davon für die physischen Lebensbedürfnisse aufgewendet werden. Wir haben dieses Gesetz schon 1857 in der Zeitschrift des königl. sächs. stat. Büreaus gelegentlich einer Abhandlung über die Normalconsumtion veröffentlicht. Hieran anknüpfend, hat der verdienstvolle Leiter des städtischen statistischen Büreaus, Dr. Schwabe, für 1867 das Verhältniß von Miethe und Einkommen in Berlin speziell untersucht und gefunden, daß,

wenn das jährliche Ein= kommen beträgt:	so nehmen die Ausgaben für Wohnung davon in Anspruch:	
300 Thlr.	72.3 Thlr.	= 24.10 Procent.
500 „	¹) 110.55 „	= 22.11 „
750 „	150.00 „	= 20.00 „
1000 „	275.50 „	= 27.50 „
1500 „	350.85 „	= 23.39 „
2000 „	401.20 „	= 20.56 „
2500 „	471.75 „	= 18.87 „
3000 „	522.00 „	= 17.40 „
3500 „	²) 568.75 „	= 16.25 „
4000 „	604.80 „	= 15.12 „
4500 „	641.25 „	= 14.25 „
5000 „	673.50 „	= 13.47 „
7500 „	807.75 „	= 10.77 „
10000 „	920.00 „	= 9.20 „

In der Zeit von 1867—1870 sind nun aber die Wohnungs-Miethpreise in Berlin jährlich und durchschnittlich um 3 bis $3\frac{1}{2}$ Procent, seit 1870 um $5\frac{1}{2}$ bis 6 Procent jährlich, im Ganzen also um 20 bis 25 Procent ge= stiegen. Und da unsere Nachweisungen mit dem Ostertermin 1872 abschließen, an diesem aber, wie alle Welt weiß, die Miethschraube kräftiger denn je an= gezogen wurde, so wird man der Wirklichkeit näher kommen, wenn man die obigen Zahlen um 30 bis $33\frac{1}{3}$ Procent erhöht. Familien mit 1500 Thlr. Einkommen müssen heute für einen Miethpreis von 460 bis 470 Thlr. sicher noch mit beschränkten und ziemlich entfernt von der Stadt liegenden Wohnungen fürlieb nehmen.

Da nun nach unserer im Jahre 1857 veröffentlichten Untersuchung für die normale, keineswegs luxuriöse Ernährung einer Durchschnittsfamilie in Anspruch genommen werden

bei einem Einkommen von			
300 Thlrn.	214.44 Thlr.	= 71.48 %	des Einkommens,
„ 500 „	344.25 „	= 68.85 „	„ „
„ 750 „	496.27 „	= 66.17 „	„ „
„ 1000 „	640.00 „	= 64.00 „	„ „
„ 1500 „	911.35 „	= 60.75 „	„ „
„ 2000 „	1173.30 „	= 58.65 „	„ „

so kann man wohl fragen, was bleibt nach Bestreitung von Nahrung und Wohnung noch zur Deckung der übrigen Bedürfnisse übrig? Die Antwort ist: die Familien werden durch die steigende Wohnungsausgabe auf eine tiefere Lebensnorm herab= gedrückt; sie müssen an Kleidern, an Erziehungsausgaben und den Ausgaben für

---

¹) Ermittelt nach den Gehältern der Communalbeamten, welche weniger als 1000 Thlr. Gehalt beziehen. — Die Quote der Wohnungsausgabe ist hier jedenfalls noch erheblich höher, da die Nebeneinnahmen dieser Beamten und ihrer Familienglieder außer Ansatz bleiben mußte. Unter Beobachtung standen 4821 Fälle.
²) Nach den Servis=Quittungszetteln der einkommensteuerpflichtigen Bevölkerung Berlins. Unter Beobachtung standen 9741 Fälle.]

Gesundheitspflege und leibliche und geistige Erholung sparen, was sie nothge=
drungen für das Obdach mehr aufzuwenden gezwungen sind, wenn sie die
Wohnung nicht fort und fort mit einer billigeren vertauschen und alle damit
verbundenen, oben hinlänglich geschilderten Nachtheile in den Kauf nehmen
wollen. Fügen sie sich in dieses Unvermeidliche, so kann es leider nicht ein=
mal ohne neue erhebliche und doch rein weggeworfene Kosten des Umzugs, der
neuen Einrichtung ꝛc. geschehen; Kosten, die mindestens auf 4 Procent des
Miethpreises veranschlagt werden müssen.

In Berlin zählte man am Ostertermine 1872 173,003 Wohnungen in
14,829 Häusern, und es wurde dafür ein Miethzins von 29,619,261 Thlrn.
entrichtet. Da aber in den letzten vier Quartals=Umzugsterminen des Jahres
nahezu die ganze Einwohnerschaft ihre Wohnungen gewechselt haben soll, so
würde in genannter Stadt lediglich für Dislokationen etwas mehr oder weniger
als eine Million Thaler gänzlich unproduktiv verausgabt worden sein.

Dies ist das Bild der heutigen Wohnungsnoth aller Großstädte. Wir
sagen damit allerdings kaum Jemand etwas Neues. Wem es nicht schon aus
der reichen Broschürenliteratur über den beregten Gegenstand entgegengetreten
ist, der hat es gewiß aus der Tagespresse kennen gelernt, die — man muß
ihr dies zum Lobe nachsagen — schon seit lange fast keine Seite der Frage
unberührt und unbeleuchtet gelassen hat. Natürlich nehmen die einzelnen
Zeitungen nicht alle den gleichen Standpunkt zur Frage ein. Gerade des=
halb aber würde Derjenige, welcher sich die Mühe geben wollte und der es
vermöchte, die Stimmen der Tagespresse der verschiedenen hauptsächlich be=
troffenen Großstädte hierüber zu sammeln und systematisch zu ordnen, ohne
Zweifel eines der interessantesten und lehrreichsten Bücher zusammentragen.

Gilt es nun, die Signatur der Wohnungsnoth unserer Zeit in einige
Sätze zusammen zu fassen, so ist es wohl das Kürzeste, zunächst Diejenigen
zu reproduciren, welche der für die Interessen des deutschen Gemeindewesens
unermüdlich thätige Redakteur der Deutschen Gemeindezeitung, Dr. H. Stolp
in seiner Abhandlung: „Die Wohnungsfrage und ihre praktische Lösung"
(Berliner Städtisches Jahrbuch für Volkswirthschaft und Statistik, IV. Jahr=
gang 1870) bereits formulirt hat. Diese Sätze lauten mit einigen geringfügigen
Modificationen wie folgt:

1. Zunächst zeigt sich fast ununterbrochen ein Mangel an Wohnungen überhaupt.
2. Beständig aber ist ein Mangel an solchen Wohnungen vorhanden, wie
sie den individuellen und wirthschaftlichen Bedürfnissen und Kräften der ver=
schiedenen Wohnungsinhaber und ihrer Familien entsprechen.
3. Die bauliche Einrichtung der Wohnungen genügt im Großen und Gan=
zen in gesundheitlicher, behaglicher und räumlicher Beziehung oft selbst den
bescheidensten und nothwendigsten Anforderungen nicht.
4. Die Wohnungsinhaber können durch die Willkür Fremder aus ihren
Wohnungen beliebig entfernt werden und erleiden dadurch oft in ihren Er=
werbs=, wirthschaftlichen, verwandtschaftlichen und freundschaftlichen Be=
ziehungen die tiefsten Beschädigungen.
5. Die Ungewißheit des Verbleibens in der Wohnung läßt nicht nur ein
wahres Interesse an der behaglichen Einrichtung derselben gar nicht aufkom=
men, sondern führt auch eine Ungewißheit und ein Schwanken in allem übri=

gen mit den Wohnungsverhältnissen meist eng verbundenen sonstigen persönlichen Unternehmungen und Beziehungen herbei.

6. Die Wohnungsinhaber sind oft nicht nur der Willkür und Laune der Hausherren, sondern auch ebenso der Anmaßung und Rohheit vieler ihrer Mitbewohner desselben Hauses schutz= und wehrlos preisgegeben.

7. Sowohl bei dem Abschluß und der Aufhebung der Miethsverträge, als auch bei der rechtsverbindlichen Gültigkeit der terminalen Miethsleistungen sind die Miether oft starken Uebervortheilungen und Prellereien ausgesetzt.

8. Die willkürliche und unberechtigte Steigerung der Miethspreise von im Laufe der Zeit nicht besser, sondern schlechter gewordenen Wohnungen zerrüttet nicht nur bei vielen Familien fortwährend deren Erwerbs= und Nahrungs= zustände, sondern nöthigt dieselben auch sehr oft zu einem sehr nachtheilige Wirkungen mit sich führenden Verlassen der Wohnungen.

9. Die fortgesetzt und unverhältnißmäßig steigenden und gestiegenen Mieths= preise machen für die Masse der Bevölkerung die eigene Behauptung selbst einer nur bescheidenen Wohnung von Stube, Kammer und Küche zur Unmöglichkeit.

10. Die gezwungene Aufnahme fremder Elemente in räumlich dazu gar nicht eingerichtete und ausreichende Wohnungen durch Aftervermiethung und Schlafstellenhaltung wirkt im höchsten Grade störend und zersetzend auf die Heiligkeit, Sittlichkeit und allgemeine Wohlfahrt des Familienlebens.

11. Das enge Zusammendrängen von Familien und Personen in den be= stehenden „Miethskasernen" gefährdet in hohem Grade die allgemeinen Ge= sundheitszustände sowohl, wie das friedliche Verhalten der Wohnungsinhaber unter einander.

12. Die Gesammtbewohnerschaft einer gegenwärtigen „Miethskaserne" lebt ohne alle wahrhaft freien, sittlichen und menschlichen Beziehungen unter der Zuchtherrschaft eines „Hausherrn" beisammen im Hause und erkaltet dadurch vollständig gegen alles edlere, engere menschliche Wohlwollen und wechselseitiges hilfreiches Zusammenwirken; nichts als das selbstsüchtige Interesse eines zu= fällig über ihnen stehenden fremden „Hausherrn" hält sie zusammen, und die Möglichkeit, durch dessen Gunst oder Ungunst Bevorzugungen vor anderen Mitmiethern zu erlangen oder diese sogar aus dem Hause zu verdrängen, weckt und nährt eher niedere als höhere Gesinnungen, eher wechselseitige Feind= schaft als Freundschaft gegen einander.

Aus diesen Sätzen, deren zutreffenden Inhalt kaum Jemand zu bestreiten im Stande sein dürfte, geht unwiderleglich hervor, daß die heutige Wohnungs= noth in der That von derjenigen, welche die Humanisten unseres Volkes früher so lebhaft beschäftigt, einigermaßen verschieden ist. Nicht allein, daß sie jetzt auch die höheren Klassen ergriffen hat, sondern der Schwerpunkt der gegenwärti= gen Noth liegt nicht so sehr in dem Mangel an Wohnungen, der allerdings noch immer fortdauert, auch nicht in dem Bewohnen von „Miethskasernen" als solchen, sondern in der über jedes Maß hinausgehenden Abhängigkeit der Miether von den Eigenthümern der Miethskasernen. Ueberall da, wo diese Art Wohnen das Wohnen in eigenen oder Familienhäusern verdrängt (und das ist mit Aus= nahme einiger norddeutschen Großstädte fast in allen deutschen und österreich= ungarischen Großstädten der Fall) liegt der Wohnungsnoth wesentlich eine uner= trägliche Miethstyrannei zu Grunde, die freilich da kaum ganz zu vermeiden fein mag, wo, wie z. B. in Berlin, auf 1 Haus 56, in Wien 57 Bewohner verschiedenster Bildung und Lebensstellung kommen.

Für die Richtigkeit vorstehender Behauptungen spricht der merkwürdige Umstand, daß z. B. in den englischen und schottischen Groß= und Fabrikstädten, in welchen die Zunahme der Bevölkerung fast noch größer ist, als in den unsrigen, eine alle Schichten der Bevölkerung umfassende Wohnungsnoth nicht auf zutreffen ist. Wir haben uns hiervon bei einem Besuche Englands im vorigen Jahre (1871) wiederholt zu überzeugen Gelegenheit gehabt. Es herrscht daselbst lediglich eine Wohnungsnoth unter den arbeitenden Klassen, und kleinen Leuten, die allerdings aus dem Mangel an guten und gesunden Wohnungen entspringt, weil das Bauen mit der Zunahme der Bevölkerung an einzelnen Orten nicht Schritt zu halten vermag. Und auch diese Noth ist jetzt keineswegs mehr von der früheren Größe und Schrecklichkeit. Wie es immer in England der Fall ist, das Uebel ist dort, nachdem die Presse es signalisirt und aufgedeckt hatte, von allen Seiten aufs Wirksamste bekämpft worden. Aber keineswegs nur mit Worten und Zeitungsartikeln, wiewohl auch diese viel gewirkt haben. Sondern das Bedürfniß, gut und gesund zu wohnen, ist jenseits des Kanals in Fleisch und Blut des ganzen Volks übergegangen. Darum findet man auch Bücher wie z. B. „Gervase Wheelers' choice of a dwelling; a practical handbook of useful information on all points connected with hiring, buying or building a house. London 1872" zu Dutzenden auf dem englischen Bücher= markt und Exemplare davon selbst in Familien bescheidenster Situation. —

Nachdem wir so die Signatur der früheren und jetzigen, der englischen und continentalen Wohnungsnoth festgestellt haben, wollen wir im folgenden Abschnitt ihre Ursachen beleuchten.

II. Die Ursachen der Wohnungsnoth.

Das Thema dieses zweiten Abschnittes ist so umfassend, daß es sich in einem Vortrage kaum genügend behandeln läßt.

Die Signatur der Wohnungsnoth wurde im ersten Abschnitt dahin abge= geben, daß die Wohnungen nicht zahlreich genug, zu theuer und ihre Innehabung zu unsicher seien. Ohne diesen Zustand der Dinge leugnen zu können, glauben einzelne Volks= und Hauswirthe ihn wie folgt erklären zu müssen:

„Es würde mehr gebaut werden, wenn sich das Bauen besser rentirte; die Wohnungen würden nicht so schlecht sein, wenn man bessere bezahlen könnte, und der beständige Wechsel der Wohnungen würde nicht eintreten, wenn keine Steigerungen zu befürchten ständen."

Diese Erklärung leidet an dem erheblichen Mangel keine, sondern nur eine Umschreibung der Wohnungsnoth zu sein. Warum rentirt sich denn das Bauen nicht? warum sind denn gute Wohnungen kaum noch zu bezahlen? warum haben denn die Miether ununterbrochene Miethssteigerungen zu befürchten? Erst wenn hierauf eine einigermaßen zutreffende und erschöpfende Antwort ge= geben ist, kann man sagen, daß man den wirklichen Ursachen der Wohnungsnoth etwas mehr auf den Grund gekommen sei.

Richten wir daher unsere Untersuchung einerseits auf die Preiselemente und den Gesammtherstellungspreis der Wohnungen, anderseits auf die Be= nutzungs=, resp. Vermiethungsweise derselben.

A. Der Herstellungspreis der Wohnungen.

Er setzt sich zusammen aus dem Preis für die Baustelle, für die Bauma= terialien, für die Bauarbeit und für das Baugeld; letzteres insofern, als während der Bauzeit ein bestimmtes Capital flüssig gemacht sein muß, das in Folge dessen, solange das zu erbauende Haus nicht fertig geworden ist und einen Nutzen abwirft, ertragslos ist. Ob das Capital dem Erbauer des Hauses zu eigen, oder nur gegen Unterpfand geliehen ist, kann Einfluß haben auf die Leihgebühr, ist aber nicht im Stande die Baugelderzinsen aus den Preiselе= menten zu eliminiren.

Sind nun diese einzelnen Preiselemente so hoch, daß sie das Bauen bis zu dem Grade vertheuern, daß es nicht mehr rentirt, d. h. daß die Bau= producenten für ihre „Waare" keine Abnehmer mehr finden? Und wenn es der Fall ist, weshalb ist es so? Das ist zu untersuchen.

Die Baustellen. Wenn in einer Stadt mehr Wohnungsuchende als Wohnungen vorhanden sind, so heißt das nichts Anderes, als die Zahl der Haushaltungen und ihrer Glieder wächst schneller als die Zahl der Gebäude, worin sie Platz finden können. Die fehlenden Wohnungen können ebensowohl durch Neubauten auf bisher unbebauten Stellen, als auch durch Vergrößerung (Erhöhung) bereits bebauter Stellen beschafft werden. Wo die Baustellen sehr theuer sind, wird vor Allem der unentgeltliche Verticalraum bereits gebauter, niedriger und weitangelegter Häuser durch Einbauung von Kellerwohnungen, Stockwerkaufsetzung, Zubauung der Höfe ꝛc. aufs Möglichste ausgenutzt. Die Menschen leben in 5, 6, 7 und mehr Schichten übereinander. Dann erst erweitert sich der Häuserring auf neuem Baugrunde und zwar gleichfalls unter vortheilhaftester Ausnutzung desselben für eine Vielzahl menschlicher Wohnungen.

So erklärt der Baustellenpreis den Anblick der großstädtischen Straßen, Häuser und Höfe, und führt uns zugleich vor eine Erscheinung, die nichts anderes als ein Monopol ist. Denn ohne Baustelle kein neues Gebäude, ohne dieses keine hinlängliche Zahl von Wohnungen. Die Nachfrage nach solchen ist stetig wachsend, die Zahl der Baustellen im Weichbilde der Städte aber beschränkt. Und da dies ja eben der Charakter des Monopols ist, daß sein Gegenstand im Besitze Weniger und nur in beschränkter Menge vorhan= den ist, während das Bedürfniß des Gegenstandes das Bedürfniß Vieler und die Nachfrage nach der Nutzung desselben unbeschränkt ist, so ist es ebensowenig ein Wunder, daß die großstädtischen Baustellen hoch im Preise steigen, als daß dieser hohe Preis in der That zu einer vornehmlichen Ursache der Ver= theuerung der Gebäude und der Wohnungen, in Folge dessen aber auch der Wohnungsnoth wird.

Bekanntlich sind die dringendsten Lebensbedürfnisse als Gegenstand des größten Consums um so mehr das Object der Speculation, je seltener ihr Vorkommen ist. Das findet deshalb auf die Baustellen par excellence An= wendung, weil sie an den Raum gebunden und auf dem nämlichen Raum keiner Concurrenz unterworfen sind. Der Baustellen=Handel ist deshalb ein monopoliſtiſcher in doppeltem Sinne, und nur zu leicht artet er in das aus, was man „Bauſtellen-Wucher" oder „Bauſtellen-Jobberei" nennen könnte und wirklich vielfach ſo nennt.

Angeſichts dieſes monopoliſtiſchen Characters des Grundeigenthums will es uns ſcheinen, als ob die Nationalökonomen des unbedingten laissez faire, laissez aller, als Bekämpfer jeder Art von Monopolen, mit ſich ſelbſt in Widerſpruch geriethen, wenn ſie dieſe häßliche Conſequenz jenes Monopols, die „Bauſtellen-Jobberei" vertheidigen und als etwas ſehr Nützliches preiſen.

Man kann den „Kornwucher", den „Geldwucher" als veraltete Begriffe bezeichnen, ohne deshalb die Getreide- und Geldjobber als Wohlthäter der Menſchheit verehren zu müſſen. Zugegeben, daß durch die rechtzeitige Preis-ſteigerung eines beſtimmten aber unzulänglichen Nahrungsvorraths theils eine Einſchränkung der Conſumtion, theils eine vermehrte Zufuhr veranlaßt werde, und daß ein ſolcher Erfolg dem öffentlichen Wohle dienlich ſei, (obſchon er von denen, die ihn in ſelbſt- und gewinnſüchtigſter Abſicht herbeigeführt, gar nicht angeſtrebt wird): ſo wird man bei dem Bauſtellenwucher doch ſchwerlich eine parallele Wirkung entdecken. Dafür, daß hier, neben einzelnen redlichen Geſchäften, ſehr viele der gewinnſüchtigſten Art vorliegen, ſind Beweiſe genug vorhanden. Auf 2 Meilen im Umkreiſe von Berlin iſt ſämmtliches Land in die Hände von Bauſtellen-Speculanten übergegangen, ohne daß an eine Be-bauung dieſes Landes auf Jahre hinaus zu denken wäre. Eben ſo iſt in Dresden ſämmtliches Areal bis 1 Meile von dem öſtlichen -und ſüdlichen Thore der Stadt zu enormen Preiſen aufgekauft und geht unbebaut von Hand zu Hand. Nach den beſtehenden Grundſteuer-Geſetzen bleibt ſolches Areal ſo lange ein niedrig beſteuertes Liegenſchaftsobject, als es nicht als Bau-ſtelle benutzt wird, obſchon es ſeine wahre Natur ganz und gar verändert hat, für Viele bereits eine Quelle hohen Einkommens geworden iſt, bis auch der letzte Beſitzer, wofern ſeine Speculation nicht mißglückt, an die Reihe des Erntens kommt.

Unlängſt veröffentlichten Berliner Zeitungen den Profit, welchen einzelne größere, den Bauſtellen-Verkauf en gros treibende Actien-Baugeſellſchaften und Baubanken bei ihren Unternehmungen in kürzeſter Zeit realiſirt haben. So hat z. B. die am 19. Februar 1872 gegründete Berliner Bau-Vereinsbank bis zum 22. Juni 1872 von ihrem Areale von 8,015 ☐ Ruthen, à 140 Thlr. Einkaufspreis pr. ☐ Ruthe 1,379 ☐ Ruthen für 471,260 Thlr., alſo 342 Thlr. pr. ☐ Ruthe verkauft. Der „Thiergartenbau-Verein" kaufte die ☐ Ruthe mit 90 Thlr. und verkaufte ſie mit 252 Thlr. Der Bauverein „Königsſtadt" erwarb die ☐ Ruthe mit $83\frac{1}{3}$ Thlr. und verkaufte ſie mit 264 Thlr. Der Actienbau-Verein „Thiergarten" macht ſogar unter dem 15. Februar 1872 bekannt, daß er von ſeinem Beſitze, dem 6,400 ☐ Ruthen umfaſſenden Park Birkenwäldchen ca. 3,300 ☐ Ruthen verkauft und daran bis dato (die Geſellſchaft wurde am 12. Januar 1872 gegründet), alſo in ca. 4 Wochen, einen Gewinn von 330,000 Thlr. realiſirt habe. Die Land- und Baugeſellſchaft auf Actien in Lichterfelde erfreute die Actionäre mit der Mittheilung, daß ſie von ihrem 1250 Morgen großen zu 1,775,000 Thlr. oder zu 1420 Thlr. pro Morgen gekauften Areale $309\frac{1}{3}$ Morgen mit einer Brutto-Avance von 498,733 Thlr. verkauft habe. — So ſind Hunderttauſende von Quadrat-Ruthen Bauterrain in der Umgegend von Berlin gekauft und wieder

erfauft worden, an welchen für die erſten glücklichen Verkäufer viele Millio=
nen von Thalern hängen blieben. Rechnet man doch dem erſten, ebenſo
glücklichen als ſpeculativen Erwerber und Ausſchlachter Lichterfeldes bei Berlin
u Bauparcellen allein einen Reingewinn von mehreren Millionen Thalern
ach. Welche ſolchen Gewinnen aequivalente Arbeit iſt hierfür geleiſtet worden?
Welche Nachtheile entſpringen nicht aus ſo hohem Zwiſchengewinn den künftigen
Bewohnern der Häuſer, die auf ſolchen vertheuerten Bauſtellen gebaut werden?
Müſſen ſie nicht die Verzinſung der jetzt von Wenigen ſo leicht gewonnenen Millionen
auf ihre Schultern nehmen, ohne je wieder davon entlaſtet zu werden? Jedes Hun=
ert Thaler pro Quadratruthe belaſtet dauernd eine Familienwohnung von circa 10
Quadrat=Ruthen in einſtöckigen Häuſern mindeſtens mit 50—60, in zweiſtöckigen
mit 25—30, in dreiſtöckigen mit 17—20 Thlrn. jährlichen Miethzinſes.

Wir ſind an dieſer Stelle gerade einem der radicalſten Freihändler,
Faucher, die Gerechtigkeit ſchuldig zu erwähnen, daß derſelbe nicht allein
die Wohnungsfrage und Wohnungsreform in ſeiner Vierteljahrsſchrift mit
vielem Geiſt wiederholt behandelt hat, ſondern darin gleichfalls den monopoliſtiſchen
Character insbeſondere des ſtädtiſchen Grundeigenthums anerkennt und aufs
Schärfſte bekämpft. Er ſagt: „Soll gegenüber dem Monopol des Bodenpreiſes
auf dem Terrain großer Städte, das alle Werthserhöhung des Bodens durch
Stadtanlagen und die ganze Culturarbeit der Gemeinde genießt, das den
größten Theil des Bauunternehmer=Gewinnes, einen ungebührlichen Theil des
Einkommens der Steuerzahler ohne jegliche Gegenleiſtung verſchlingt, ſoll
dieſem Monopol gegenüber die Expropriation des Grund und Bodens nicht
eben ſo gerechtfertigt ſein, wie die Expropriation beim Bergbau, bei allen
Arten von Straßen und Anlagen, die dem Nutzen weſentlich dienen!“ Wir
ſtimmen in den Zielen, nicht aber in den Wegen zum Ziele mit Faucher überein.

Nächſt der Bauſtelle bedarf es zur Errichtung eines Gebäudes der
erforderlichen Baumaterialien und der Arbeit der Baugewerbe.

Es iſt nicht zu leugnen, daß die Preiſe der Materialien und der Löhne
mit einiger Zeit ganz enorm geſtiegen ſind. Mauerziegel, die vor 2 — 3 Jahren
noch 11 — 12 Thlr. koſteten, ſind heute kaum . für 22 — 24 Thlr. zu
haben, und die Maurer, welche für eine 13ſtündige Schicht incl. 2 Stunden
Pauſen um jene Zeit 25 Sgr. bis 1 Thlr. erhielten, dabei ca. 800 Steine
er Tag verlegten, erhalten heute $1\frac{1}{3}$ bis $1\frac{1}{2}$ Thlr. für eine nur 10ſtün=
dige Arbeitsſchicht, in welcher das Verlegen von 3 bis 400 Steinen als eine
viel zu große Leiſtung das lebhafteſte Mißfallen derjenigen Arbeiter erregt,
welche für den doppelten Lohn des heutigen am liebſten gar nichts thäten. Und doch
reicht der emſigſte Fleiß kaum aus, das Wohnungsbedürfniß jeder Jahr zu decken!

Berlin vermehrt ſich jetzt jährlich um ca. 40,000 Einwohner, für welche
neuer Platz geſchaffen werden muß, indem das Zuſammenrücken in den alten
Wohnungen und Häuſern bereits ein Maximum erreicht hat. Während
1830 7.19 Wohnungen und 31.59 Bewohner auf 1 Gebäude kamen, treffen
1872 11.73 Wohnungen und 55.63 Bewohner auf ein ſolches. Und während
1830 der bei 20facher Capitaliſation des Miethsertrages der Häuſer ſich
erechnende Gebäudewerth ſich pro Bewohner auf 386 Thlr. ſtellt, iſt er
1872 auf 718 Thlr. geſtiegen.

Die Bewegung war überhaupt folgende:

	1830.	1840.	1850.	1860/61.*)	1870.	1872.
1. Zahl der bebauten Grundstücke	7 208	7 730	8 725	11 620	14 467	14 829
2. Zahl der Wohnungen	51 794	60 714	80 820	113 048	166 144	173 003
3. Gesammt=Miethswerth der Wohnungen Thlr.	4.405 340	5.939 539	7.954 130	14.621 308	24.988 480	29.619 261
4. Werth der Häuser . . . . "	88.106 800	108.790 780	159.082 600	292.426 160	499.769 600	592.385 220
5. Auf 1 Gebäude kommen:						
Wohnungen	7.19	7.85	9.26	9.73	11.48	11.73
Bewohner	31.59	40.09	46.35	45.18	51.21	55.63
Miethswerth . . . . Thlr.	611.2	768.4	911.6	1 258.3	1 727.3	1 998.8
Hauswerth . . . . "	12 222	14 056	18 233	25 166	34 545	39 948
6. Auf 1 Wohnung kommt:						
Miethswerth . . . . "	85.06	97.83	98.42	129.31	150.40	170.59
7. Auf 1 Bewohner kommt:						
Miethswerth . . . . "	19.34	19.16	19.68	27.85	33.71	35.90
Hauswerth . . . . "	386.8	383.2	393.6	557.0	674.2	718.9

*) Mit Einschluß der zur Stadt gezogenen Ortschaften Tempelhof und Schöneberg.

Wie lehrreich diese Zahlen auch nach jeder Richtung hin seien, so haben wir an dieser Stelle doch nur bei denjenigen einen Augenblick zu verweilen, welche einen Einblick in die Größe der Aufgabe gewähren, jährlich für 40,000 Menschen Zuwachs neue Wohnungen und Gebäude zu schaffen. Wofern die Ziffer des gegenwärtigen Hauswerths pro Bewohner auch schon auf diese neuen Gebäude Anwendung erleidet, so wären dafür pro Jahr (nach dem Maßstabe von 1872) 28,720 000 Thlr. auszugeben. Hiervon mag ein Viertel für Baustellen abgehen, bleiben immerhin über 21 Millionen Thaler als Jahresumsatz der in Berlin selbst arbeitenden Berliner Wohnungsinduftrie. Sie vertheilen sich auf ca. 720 Häuser zu 11 bis 12 Wohnungen, letztere zusammen 56 Personen Obdach gewährend. Um diese Häuser zu bauen, müssen ca. 300 Millionen Mauerziegel angefertigt und angefahren und ca. 3 Millionen Maurer- und Zimmerer-Arbeitstage innerhalb der 8 monatlichen Bauzeit, von März bis October, geleistet werden. Dazu gehören pp. 12,500 Maurer und Zimmerleute. Die anderweiten öffentlichen und gewerblichen Bauten, die etwa 15 bis 20% der Wohnungsbauten ausmachen und zu diesen hinzutreten sind hier nirgends mitgerechnet.

Die Kosten der Steine für die Wohngebäude allein betragen bei 12 Thlr. pr. Mille circa 3,600,000 Thlr., bei dem gegenwärtigen doppelten Preise das Doppelte. Die Arbeitslöhne der Maurer und Zimmerleute belaufen sich auf 4 bis 4½ Million Thaler. Wird die Arbeit nicht zur rechten Zeit geleistet, verstreicht die ganze oder ein Theil der Bauzeit ohne Arbeit, so daß die Häuser nicht an den im Voraus bestimmten Terminen bezogen werden können, so werden durch die fortlaufenden Zinsen auf so große nicht zur Werbung gelangte Capitalien gewaltige Summen vergeudet. Bei dem inzwischen wachsenden Gedränge von Bewerbern um Wohnungen gehen sie freilich den Bauunternehmern nicht verloren, sondern diese sind allermeist in der Lage, ihre Verluste auf die Miether abzuwälzen, dadurch, daß sie die Verzugszinsen auf den Wohnungspreis schlagen, der nun von 36 Thlr. vielleicht auf 40 Thlr. pr. Person steigt. Es läßt sich hiernach auch leicht beurtheilen, wie die nachtheiligen Wirkungen der Strikes der Bauhandwerker nicht auf die Bau-, Maurer- und Zimmermeister und auch nicht auf die Bauherren, sondern lediglich auf die Miether zurückfallen, welche die nutzlos verstrichene Arbeitszeit durch dauernd erhöhte Miethen zu büßen haben. — Addirt man lediglich die vorstehend bezeichneten vertheuernden Momente, so gelangt man zu dem Resultat, daß z. B. ein Haus, dessen Herstellungsaufwand (mit Baustelle) in den Jahren 1867/68 80,000 Thlr. betrug, im Jahre 1872 nicht unter 140 — 150,000 Thlr. herzustellen gewesen wäre.

Zum Bauen gehört Geld. Nur der kleinste Theil der Bauspeculanten ist so vermögend, daß er seine Bauten bis zur definitiven Fertigstellung derselben aus eigenen Mitteln bestreiten könnte. Er entlehnt die Baugelder, gradatim wie der Bau fortschreitet, bei Hypothekenbanken, und zwar, je nach dem Discont, bald zu höhern, bald zu niedrigern Zinsen. Auch hier schwankt das Mehr oder Minder für Berlin um Millionen von Thalern, weil sich die meist mittellosen Bauunternehmer alle Bedingungen der großen Creditinstitute gefallen lassen müssen. Es ist daher wohl die Frage aufzuwerfen, ob sich das

2*

Capital genügend bereit zeigt, die zur Abhülfe der Wohnungsnoth nöthigen Bauunternehmungen zu fördern. Bis lang konnte sie verneint werden. Erst in der neueren und neuesten Zeit ist eine günstige Wendung der Dinge eingetreten, indem z. B. in Berlin allein im Zeitraume eines Jahres über 20 neue Baugesellschaften, Baubanken, Bauvereine mit einem Actien=Capital von mehr als dreißig Millionen Thalern entstanden sind. Außerdem liegen viel= verheißende Prospecte von ähnlichen Schöpfungen in Breslau, Posen, Düssel= dorf, Leipzig, Dresden, Wien u. s. w. vor*). Freilich hatten und haben nicht wenige unter diesen neuen Instituten gar nicht die Absicht zu bauen, sondern nur ein bestimmtes Terrain möglichst billig zu erwerben, zu parcelliren und die Bauparcellen möglichst theuer zu verkaufen.

Das jetzt alljährlich zum alten Wohnungsbedürfniß in Berlin neu hinzu= tretende erfordert — wie oben nachgewiesen wurde — bei gleicher Wohnungs= dichtigkeit, wie die für den Ostertermin 1872 ermittelte, 720 Wohnhäuser. Sofern nur auf jeden der 40,000 Einwohner des neuen Zuwachses ein Haus= werth von 718 Thaler (welches der jetzige Durchschnitt ist) berechnet wird, so sind für den in den Dimensionen von 1872 sich bewegenden Jahreszuwachs der Stadt über 28 Millionen Thaler Baustellen und Baufonds nöthig. Einer Notiz in O. Hübner's neuestem Rechenschaftsbericht über die Preußische Hypotheken=Versicherungs=Gesellschaft zufolge scheint weder die Beleihung des städtischen Grund und Bodens, noch die Aufnahme von Baugeldern seitens der Bauunternehmer allzu großen Schwierigkeiten mehr zu begegnen, indem die Concurrenz der Real=Creditinstitute mit dem Privatcapital, das Anlage in Grundbesitz sucht, bereits die Herabsetzung des Zinsfußes um $1/_2$ bis 1 Procent zu Wege gebracht hat. Das ist sicher von Einfluß auf den Zufluß des Capitals zu den Bauunternehmungen; es ändert aber nur wenig an der Thatsache, daß die Neubauten Berlins und anderer Städte seitens der Unternehmer meistens mit geliehenem Gelde gebaut werden und daß das ganze Häuserkauf=Geschäft mit verhältnißmäßig wenig eigenen Mitteln der Erbauer, Verkäufer und Käufer gemacht, hierdurch selbstredend aber wesentlich vertheuert wird. Dr. Stolp rechnet nach, daß das den Berliner Hausherren eigenthümliche Vermögen an sämmtlichen Berliner Häusern nicht mehr als $1/_5$ beträgt, dessen reelle Bedeutung zum größten Theile noch zweifelhaft sei. Gehen von diesem Fünftel nun noch die hypothekschuldenfreien oder nur gering verschuldeten Hauseigenthümer ab, so ruhen die Besitztitel des verbleibenden Restes allerdings auf bedenklicher Basis, und dieser Zustand der Dinge, der sich ohne Zweifel in anderen Großstädten wiederholt, fordert einerseits zu ernsten Erwägungen auf, legt andererseits aber auch die Wege ziemlich nahe, auf welchen dem im ersten Abschnitt gekennzeichneten, mit Miethstyrannei ge= paarten gewerbsmässigen Hausbesitzerthum zu entrinnen ist.

So weit eine nur flüchtige Untersuchung der Elemente des Herstellungs=

---

*) NB. Am 1. Juni 1872 existirten in Berlin 25 Baugesellschaften. Nach der Zeit ihrer Gründung entfallen 6 auf die Zeit von 1848 bis Juni 1870, 6 von da bis Ende Mai 1872, die übrigen auf die spätere Zeit. Ihr Actiencapital beläuft sich insgesammt auf 34,700,000 Thaler.

preifes der Gebäude ein Urtheil gestattet, ist es dahin abzugeben, daß auf die Baustellen der Löwenantheil der Vertheuerung fällt. Das sagen auch schon obige Zahlen, indem sie nachweisen, daß vor 42 Jahren der auf 1 Kopf der Bewohnerschaft Berlins sich berechnende Hauswerth 386,8 Thlr. im Jahre 1872 aber 718,0 Thlr., mithin beinahe das Doppelte beträgt und eigentlich erst seit 1850 so rasch auf diese Höhe gestiegen ist. Auf 1 Gebäude kommen jetzt (1872) 39948 Thlr. Hauswerth, im Jahre 1830 nur 12222 Thlr. und selbst im Jahre 1850 noch nicht mehr als 18233 Thlr. Der auf 1 Bewohner sich berechnende Miethswerth erhielt sich in der Zeit von 1830 bis 1850 fast auf gleicher Höhe; in der Zeit nach 1850 bis 1872 stieg er bis auf 35,90 Thlr., was nichts anderes heißt, als daß das Wohnen in Berlin für den Einzelnen in den letzten Jahren noch einmal so theuer geworden ist, als es vorher war.

Daß ungeachtet solcher Preissteigerung das Bauen nicht rentire, und daß deshalb nicht genug gebaut werde; daß wegen der zu niederen Miethpreise die Wohnungen unzulängliche, ungesunde und ungesicherte sein müßten, sind Behauptungen, die jedes triftigen Grundes entbehren. Das mangelnde Angebot von Wohnungen hat seine wesentlichste Ursache in den Monopolpreisen der Baustellen, mit anderen Worten: in dem Baustellen-Monopol. Hiervon ist einstweilen Act zu nehmen.

B. Die Benutzungs- und Vermiethungsweise der Wohnungen in den Großstädten.

Kohlen, Dampf und Eisenbahnen haben die natürlichen Standorte der Industrie gänzlich verändert. Während sich letztere früher in den Gegenden mit Holzreichthum und Wasserkraft ansiedelte, mit diesen natürlichen Vortheilen aber auch alle Nachtheile einer isolirten und ungünstigen Lage in den Kauf nehmen mußte, breiten sich die Gewerbe heute vorzugsweise in den Großstädten aus, so daß sie in That und Wahrheit jetzt nicht blos das sind, was sie schon früher waren: die Emporien von Kunst und Wissenschaft und die Hauptbrennpunkte alles geistigen Lebens, die Residenzen der Fürsten, die Sitze hoher Civil- und Militärbehörden, die Garnisonsorte zahlreicher Truppenkörper u. s. w., sondern sie sind gleichzeitig die Stätten großartigsten Gewerbefleißes, die Central- und Knotenpunkte intensivsten Handels und Verkehrs, das Domicilcapital mächtiger Börsen und Banken. Kein Wunder, daß sie eine ungeheure Anziehungskraft auf ihre nähere oder fernere Umgebung üben, daß ihre Einwohnerschaft, — auf Kosten der kleinen Städte und des platten Landes — in den stärksten Dimensionen wächst und daß der unermeßliche Zuzug, da er ja auch ein Obdach haben will, die Nachfrage nach Wohnungen bedeutend erhöht, mithin zur Steigerung der Preise derselben außerordentlich beiträgt und die Wohnungsnoth, soweit sie auf einer Knappheit der Wohnungen beruht, nicht unwesentlich steigert. Hiergegen ist nichts zu thun. Sofern dieser Zuzug ein unverhältnißmäßiger, die Aufnahme und Absorptionsfähigkeit der betreffenden Städte übersteigender, mithin ein Uebel ist, trägt er sein Correctiv in sich, wie das im dritten Abschnitt nachgewiesen werden soll. Allein dieser Zuzug erzeugt keineswegs diejenige Wohnungsnoth, welche in den continentalen Großstädten mit Mieths- und Zinshäusern anzu= treffen ist, wofür der beste Beweis in dem Umstande vorliegt, daß sie in den englischen und schottischen Groß= und Industriestädten nicht in gleichem Maße und in ganz anderer Art auftritt. Dort herrscht die aus zeit= weiligem Mangel an Wohnungen hervorgehende Wohnungsnoth, aber nicht diejenige Wohnungsunsicherheit, auf welche im I. Abschnitt als die gefähr= lichste Seite jener Noth hingewiesen wurde; sie geht aus einem Mißbrauch der Freiheit und aus einer völlig ungerechtfertigten Huldigung dieser Freiheit hervor.

Nach der landläufigen Betrachtungsweise sind Wohnungen Waaren, welche von Hauseigenthümern feil geboten werden. Sind mehr Miether da als Wohnungen, so stehen letztere „Geld" und hoch im Preise, ist das Umge= kehrte der Fall, so stehen sie „Brief" und ihr Preis ist niedrig. In den Großstädten und den gewerblichen Centren ist freilich von einem solchen Briefstehen schon seit Jahrzehnten nicht mehr die Rede. Ad. Frantz hat dies u. A. für die rheinischen, westfälischen und oberschlesischen Montanbistricte noch vor Kurzem ganz überzeugend nachgewiesen. Selbst verheerende Kriege halten den Zuzug dahin nur für einige Jahre auf, und bei Wiederkehr völlig ruhiger Zeiten wird das Versäumte in raschester Frist eingeholt. Der Bauspeculant und ganz besonders der rationelle Bauspeculant läuft also in solchen Städten und Gegenden so gut wie keine Gefahr, wofern er nur mit einigermaßen hinlänglichem Capital arbeitet. Hier zu Lande verkauft nun der Bauunter= nehmer sein Erzeugniß an einen gewerbmäßigen Wohnungsvermiether, der dadurch zum Hauseigenthümer wird und sich zwischen den Wohnungsproducenten und den Wohnungsconsumenten einschiebt. Das Risico dieser Mittelspersonen ist noch weit geringer als das der Bauunternehmer; gleich Null ist es für die Er= werber bereits erbauter und bewohnter Häuser in begünstigten Lagen. Die wachsende Nachfrage nach Wohnungen und Geschäftslocalitäten in denselben er= folgt völlig ohne deren Zuthun. Der Werthzuwachs des Grundes und Bodens ihrer Häuser fällt ihnen ohne jegliche Arbeit und Gefahr in den Schoos. Aus der Sucht, an der Einstreichung solch' mühelosen Gewinns gleichfalls Theil zu nehmen, entsteht das Jagen nach Grundstücken, das bei Vielen ja auch von dem sehr erklärlichen und gerechtfertigten Wunsche eingegeben sein mag, in den Besitz einer gesicherten Wohnung oder Geschäftslocalität zu kommen. Freilich kann es sein, daß Der, welcher theuer kauft, durch die Miethen kaum die landesüblichen Zinsen von seinen auf das Haus ver= wandten Capitalien erlöst, allein, wer hieß ihn das Haus kaufen? War dies für die Miether, welche durch entgeltliches Wohnen darin dem Hause über= haupt erst Werth verleihen, eine Nothwendigkeit? Wurden und werden sie bei den zu vielen hunderten, mittels Schlußzettels an der Börse verhandelten Häusern nicht vielmehr wie eine Waare mit verhandelt, welche kennen zu lernen die stündlich mehrmals wechselnden Hauseigenthümer allerdings keine Zeit hatten? Bei solcher Leichtigkeit des Besitzwechsels, bei solcher Abwesen= heit jeglicher persönlicher Beziehungen zwischen Vermiether und Miethern tritt die Frage an letztere immer näher heran, ob sie denn wirklich jenes einge= schobenen Vermiethers bedürfen, ob sie dessen Geschäfte nicht selbst besorgen und die hieraus erwachsenden Vortheile sich, die sie ein weit größeres und dauernderes Interesse an dem Hause haben, selbst zuwenden können, statt sie jenem Dritten gehorsamst zu Füßen zu legen, der zufällig oder nicht zufällig den Schlußzettel am Zinszahlungs=Termin noch nicht weiter begeben hat.

Haben sich die ländlichen Grundbesitzer durch Gegenseitigkeits=Creditinstitute ausgiebigen Grundcredit, die kleinen Handwerker durch die gleichfalls auf Gegenseitigkeit gegründeten Spar= und Vorschußvereine reichlichen Mobiliar= credit, die nach Hunderttausenden zählenden weit ärmeren Mitglieder von Consumvereinen durch Anschaffung von Nahrung, Kleidung, Rohstoffen, Werk= zeugen u. s. w. im Großen alle diese Lebensbedürfnisse und Existenzmittel auch für jeden Einzelnen in bester Qualität und zu Engros=Preisen verschafft: dann sollten wohl Vereinigungen von Miethern gleichfalls im Stande sein, eine Anzahl Häuser zu erwerben, worin jeder nach seinem Bedürfniß, seiner Wahl und seinem Miethsbeitrag, alle zusammen aber für ihre gemeinschaftliche Gefahr, aber auch für ihren gemeinschaftlichen Vortheil wohnen. Hierauf werden wir im III. Abschnitt noch zurückkommen.

Wir sind übrigens der Meinung, daß man es bei Wohnungen und Gebäuden nicht mit Waaren gewöhnlicher und solcher Art zu thun habe, welche sich durch Inanspruchnahme neuer Naturfonds und Aufwendung von mehr Capital und Arbeit beliebig vermehren lassen, und sehen in der gegen= theiligen Ansicht die Ursache dessen, daß Staat, Gemeinde und Private der Wohnungsnoth=Frage so hoffnungs= und thatenlos gegenüber stehen. Deshalb schon sind Gebäude und Wohnungen keine Waaren im gewöhnlichen Sinne des Worts, weil sie sich an bestimmten Stellen der Städte gar nicht ver= mehren lassen; sie bilden vielmehr an der Stelle, wo sie sind, schon ein Monopol, und ihr Miethpreis ist weit weniger ein Concurrenzpreis als ein Monopolpreis. Auch widerstrebt es einer ethischen Auffassung des Lebens, die Wohnung, welche ja doch die Grundlage des Familienlebens ist, in welcher die Familienglieder Jahr aus Jahr ein den größten Theil ihrer Lebenszeit zubringen und welche deshalb gleichsam mit ihnen und ihren Lebensschicksalen verwächst, schlechtweg mit einer Handelswaare in gleiche Kategorie zu stellen. Gerade weil die Menschen ihre Wohnung lieb gewinnen — und daß sie es thun, daß sich das Familienleben festige und nicht in ein Wirthshausleben zerzettle, darauf sind ja die Anstrengungen der Edelsten unter der Bevölkerung gerichtet — fügen sie zum eigentlichen Tauschpreis derselben einen Affections= preis, welchen der Eigenthümer des Hauses ganz unberechtigterweise sofort in Capital ausmünzt und in Umsatz bringt. Ist denn ein Haus, worin die Miether, um nur nicht auszuziehen oder ihre Geschäftslocalitäten, durch welche sie ihren Erwerb haben, nicht verlegen zu müssen, sich selbst die höchst denk= bare Miethssteigerung auflegen, wirklich um so viel mehr werth geworden, als die Capitalisirung dieser Selbststeigerung beträgt? oder ist es nur um so viel im Preise gestiegen? Decken sich hier Werth und Preis? Gewiß nicht. Der Grund und Boden saugt diesen Affectionswerth auf und assimilirt ihn zu Grundrente, die, wenn sie auch kein Geschenk der Natur, doch sicher für den= jenigen Eigenthümer die Zuwendung eines Vortheils ohne Gegenleistung ist, der sich in der glücklichen Lage befindet, den von den Miethern auf ihre

Wohnungen gelegten Affectionspreis in Capital verwandeln zu können*). In Berlin allein sind es, wie die oben mitgetheilten Zahlen der Werthsteigerung der Häuser kundthun, über Hundert Millionen Thaler, die im Laufe der letzten 20 Jahre von den Miethern den Hausbesitzern übereignet wurden.

Die soeben geschilderte, von Waaren gewöhnlicher Art abweichende Beschaffenheit der Wohnungen und Gebäude ist der Grund, weshalb bei der Wohnungsnoth noch andere als ökonomische Ursachen wirksam werden. Ist jedoch auch die Speculation eine ganz andere! Wenn auf dem Waaren= markte eine Hausse aus natürlichen Ursachen eintritt, oder aber auf künst= liche Weise in Scene gesetzt wird, so bildet sich der Hausse=Partei gegen= über sehr bald eine Baisse=Partei, und beide Parteien messen gegenseitig ihre Kräfte. Wo ist aber die Baisse=Partei, um mit der Häuser = und Wohnungs=Hausse=Partei den Kampf aufzunehmen?

Ziehen die Hauseigenthümer, soweit sie gewerbmäßige Vermiether sind, nicht alle am Strange der Hausse? Beanspruchen doch diejenigen unter ihnen schon eine Bürgerkrone, welche an dem einen oder dem andern Umzugs= termin die Hand nicht an die Miethschraube legten. Daß sich in irgend einer Stadt eine große Partei von Hauseigenthümern gebildet hätte, um durch Erniedrigung der Miethpreise der Wohnungen in ihren Häusern die Anstrengungen der Miethpreissteigerer zu vereiteln — davon ist uns bis jetzt noch kein Beispiel bekannt geworden. Ein Einzelner mag es hier und da aus Menschenfreundlichkeit für seine ihm näher bekannt und lieb gewordenen Miether gethan haben; was bedeutet aber die Kraft des Einzelnen in dem breiten Strome der großen Masse!

Wie sich in jeder Monopolswirthschaft bald ein Feudalismus ausbildet, so auch in der durch keine wirksame Concurrenz eingeschränkten Monopols= wirthschaft des gewerbmäßigen Hausbesitzer= und Wohnungsvermietherthums. Hausherren und Miether stehen heut zu Tage in den Städten, wo die Wohnungsnoth crassirt, ganz besonders aber in Berlin, nicht in dem Verhältniß von Verkäufern und Käufern einer Waare, sondern in dem von Herren und Hörigen zu einander. Der feudalistische Inhalt der Berliner Miethscontracte ist ja weit über die Grenzen des Weichbildes hinaus bekannt, um nicht zu sagen berüchtigt. Aus diesem Wohnungsfeudalismus entstehen für die Miether eine Reihe der lästigsten Unannehmlichkeiten, welche — das läßt sich freilich eben so wenig leugnen — die Quelle nicht minder empfindlicher Unannehm= lichkeiten für die Hauswirthe werden. Nur ist der Hauseigenthümer als Feudalherr weit eher im Stande, einen lästigen Miether los zu werden, als es einem im Hörigkeitsverhältniß stehenden Miether gelingt, einen besseren Vermiether zu finden.

In diesem gewerblichen Hausbesitzer= und Vermietherthum liegt, wie dies im I. Abschnitt bereits signalisirt wurde, ohne Zweifel die wirksamste und nachhaltigste Ursache der Wohnungsnoth, soweit sie auf Wohnungsunsicherheit beruht. Denn die Wohnungsnoth, welche die bemittelten und wohlhabenden

---

*) Fauchers vorn citirte Worte beweisen, daß er, wenn auch auf anderem Wege, zu dem nämlichen Ergebnisse gelangt ist.

Klassen drückt, besteht nicht so sehr darin, daß letztere unvermögend wären, für ihre Wohnungen selbst hohe Preise bezahlen zu können, sondern darin, daß sie trotzdem unabläfsigen Steigerungen ausgesetzt sind, daß sie sich in diesen Wohnungen des unaufhörlich über sie schwebenden Damoklesschwerts der Kün= digung wegen nie behaglich einrichten können und zu einem ihnen wider= wärtigen Nomadenthum verdammt werden.

Es ließe sich noch unendlich viel über die Ursachen der Wohnungsnoth sagen, indeß die generellen dürften in Obigem ausreichend geschildert und mit dem Namen „Baustellen=Monopol" und „Wohnungsfeudalismus" eben so kurz als deutlich bezeichnet sein. Wegen des ersteren sind die Wohnungen zu theuer und für hohe Preise nicht einmal gut, wegen des letzteren sind sie unsicher. Mit beiden Uebeln muß der Kampf aufgenommen, beide müssen gebrochen werden, wenn die moderne Wohnungsnoth dauernd beseitigt werden soll.

Gegen diese generellen Ursachen verflüchten sich alle übrigen zu mehr local und zeitlich begrenzten. Dahin rechnen wir solche, welche die Baulust vorübergehend hemmen oder ihr störend in den Weg treten, wie dies u. A. in Berlin durch den mangelhaften städtischen Bebauungsplan, durch zeitweilige theure Baumaterialienpreise, durch hohen Arbeitslohn, feindselige Verhältnisse zwischen Arbeitgebern und Arbeitnehmern der Fall ist. Selbst der Mangel genügender Verbindungen der Wohnungen an oder jenseits der Peripherie der Stadtweichbilder mit den Geschäftsmittelpunkten derselben kann (obgleich er noch ziemlich allgemein ist) nur zu den verhältnißmäßig leicht zu beseitigenden Nebenursachen der Wohnungsnoth gerechnet werden.

In dem folgenden, den Mitteln zur Abhülfe gewidmeten Abschnitt soll vorzugsweise die Beseitigung der generellen Ursachen ins Auge gefaßt werden.

III. Zur Abhülfe der Wohnungsnoth.

Fast keines der vielen Bücher, keine der Broschüren und der in Zeit= schriften niedergelegten Abhandlungen entbehrt der Vorschläge zur Abhülfe. Selbstverständlich gehen letztere auseinander, je nachdem sich die Einen mit der Wohnungsnoth der Arbeiter und kleinen Leute, die Anderen mit der der besser situirten Klassen beschäftigen, oder je nachdem die Einen neben der Selbst= hülfe auch noch die Hülfe des Staates und der Gemeinden, die Anderen nur die Selbsthülfe in Anspruch nehmen, oder endlich, je nachdem die Einen alles Heil von der Erbauung neuer Wohnungen außerhalb der Stadtgürtel, die Anderen von der zwangsweisen Heranziehung derjenigen Bauplätze in Städten erwarten, welche von ihren Eigenthümern aus Gewinnsucht unbebaut liegen gelassen werden. Aus dieser Aufzählung schon, noch mehr aber aus der im vorigen Abschnitt angestellten Analyse der Ursachen der Wohnungsnoth geht hervor, daß es ein Universalmittel zur Abhülfe aller Erscheinungsformen derselben nicht giebt, nicht geben kann. Mit einer einmaligen oder Palliativ= abhülfe ist es überhaupt nicht abgethan. Niemals darf vergessen werden, daß der Zug der Bevölkerung nach den großen Städten und gewerblichen Centren ein unaufhaltsamer ist und daß Alles, was zur künstlichen Entleerung der Städte ꝛc. und der Absperrung dieses Zuzugs etwa unternommen werden sollte, eitles Bemühen ist. Jene wird von selbst kommen und dieser auf= hören, sobald die Theuerung von Brod und Fleisch, in welche · wir treiben, noch größere Dimensionen angenommen haben wird. Darunter wird die gewerbliche Production leiden und industrielle Arbeiter werden hier und da außer Brod gesetzt werden, die Landwirthschaft und Viehzucht werden durch höhere Preise besser rentiren, in Folge dessen bessere Löhne zahlen können und damit den Rückstrom von Arbeitern auf das Land durch theilweise Ent= leerung der überfüllten Städte einleiten. Allein ob gerade Großstädte, wie Berlin, Wien, Breslau, Dresden ꝛc. mit ihren mächtigen Anziehungsreizen diese Entleerung in erster Linie erfahren werden, das steht dahin. Jedenfalls wäre es thöricht, in Erwartung derselben die vorzugsweise in diesen Städten herrschende Wohnungsnoth unbekämpft und ruhig weiter um sich greifen zu lassen.

Wenn man die Diagnose der Wohnungsnoth einer bestimmten Stadt oder auch einer bestimmten Kategorie von Städen gestellt und ihre Ursachen ergründet hat, so wird man sich bei Erwägung der Mittel zur Abhülfe vor Allem klar zu machen haben, ob man sich einer chronischen oder acuten, einer heilbaren oder unheilbaren Krankheit gegenüber befindet, und ob die Heil=, bezw. Linderungsmittel, welche man vorschlagen könnte, im Ver= hältniß zu dem Uebel stehen, welches man heilen will, oder ob sie nicht gar ein größeres an Stelle eines kleineren setzen.

Es drängen sich hier zunächst die Fragen auf: Wer kann, wer soll helfen? der Staat? die Gemeinde? oder Jeder sich selbst? oder Alle zu= sammen? Und dann: Wie ist zu helfen? Die Hülfe kann ja nämlich ge= richtet sein: auf die Lage, die Beschaffenheit und den Preis des Baugrunds und der Baustelle, auf die Art und die Preise der Baumaterialien, auf die Arbeit und den Lohn der Baugewerbe, auf die Gebäude, ihre Einrichtungen und die damit zusammenhängende Art des Wohnens, endlich auf die Verbindung der Stadttheile und Vorstädte unter sich und mit der Stadt.

Ehe wir die Beantwortung dieser Fragen versuchen, ist es nützlich, Klar= heit darüber zu verbreiten, wie sich in der jüngsten Vergangenheit andere, mehr oder weniger maßgebende Stimmen auf Congressen, in Vereinen und Volksversammlungen über die Abhülfe der Wohnungsnoth geäußert haben. Die Strömungen der öffentlichen Meinung zu erkennen, wird es genügen, die Stimmen des volkswirthschaftlichen Congresses, der Anwaltschaft resp. des Ver= bandstags der deutschen Erwerbs= und Wirthschaftsgenossenschaften, der Ber= liner Orts= und Gewerkvereine, des allgemeinen deutschen Arbeitervereins oder der socialdemokratischen Partei in chronologischer Ordnung zu vernehmen. Den Aussprüchen dieser rein privatlichen Vereinigungen werden im weiteren Ver= lauf unseres Vortrags noch die Ansichten der preußischen Staatsregierung und der Berliner Stadtgemeinde über ihre pflichtmäßige Stellung zur Wohnungs= frage hinzutreten.

Der volkswirthschaftliche Congreß hat sich zu verschiedenen Malen mit der Wohnungsfrage beschäftigt. Seiner Anregung und thätigen Mit= wirkung verdankt die Schrift „Die Wohnungsfrage mit besonderer Rücksicht auf die arbeitenden Klaffen, in Verbindung mit der ftändigen Deputation des Congreffes Deutfcher Volkswirthe, herausgegeben vom Centralverein f. d. W. d. a. K. in Preußen, Berlin 1865" ihre Entstehung. Sie enthält schätz= bare Auffätze von Dr. V. A. Huber, Dr. Hugo Senftleben, Architekt Reinhold Klette, Baumeiftern Ende und Böckmann, Redacteur Brämer und Kreisrichter a. D. Ludolf Parifius, und ging hervor aus der vom VII. Congreß zum Studium der Wohnungsfrage eingefetzten Commiffion, an deren Spitze der unvergeßliche Lette ftand. Deffen Anfchreiben an die Mit= glieder der Commiffion ift felbft schon eine bemerkenswerthe, hochverdienftliche Leiftung, die sich in einem befondern Abfchnitt über die Syfteme, Mittel und Wege verbreitet, welche zur Befriedigung des Wohnungsbedürfniffes bisher eingefchlagen wurden.

Bei Einfetzung der Commiffion ließ der Congreß sich u. A. auch von der Erwägung leiten: „daß eine gefunde und angemeffene Wohnung der Ausgangspunkt aller fittlichen und materiellen Wohlfahrt fei, an vielen länd= lichen und ftädtifchen Orten aber durch die Privatinduftrie einzelner Bau= unternehmer dem Bedürfniß, vorzugsweife für die arbeitenden Klaffen, nicht abgeholfen werde."

Auf Grund der befchafften Vorlage kam die Wohnungsfrage im Jahr 1865 auf dem Congreß in Nürnberg zur Verhandlung. Die Debatten waren fehr heftig und drehten sich faft ganz überwiegend um die Wohnungs= noth der Arbeiter und fogenannten kleinen Leute. Kreisrichter a. D. L. Pari= fius von Berlin referirte über den juriftifchen und Architekt Klette aus Hannover über den technifchen Theil. In jenem kamen u. A. die Mittel und Wege zur Geldbefchaffung der Bauten zur Sprache, in diefem wurde die Frage des Baufyftems, des Baumaterials 2c. beleuchtet. Als Schwerpunkt der Verhandlungen ift das anzufehen, was über die Baugenoffenfchaften gefagt wurde. Die mit großer Majorität angenommenen, zu Refolutionen des Con= greffes gewordenen Anträge lauten wie folgt:

1) Es ift dahin zu ftreben, daß die dem Bau billiger Wohnungen in Deutfchland noch entgegenftehenden Hinderniffe durch vollftändige Frei= gebung des Baugewerbes und Revifion der baupolizeilichen Ordnungen be= feitigt werden.

2) Den Wohnungsvereinen und Baugefellfchaften ift zu empfehlen, daß sie sich auf rein gefchäftlichen Betrieb befchränken, mithin Wohlthätigkeit und Unterftützung zugleich ausfchließen.

3) Für die auf dem Prinzip der Selbfthülfe beruhenden Baugenoffen= fchaften empfiehlt es sich vorzugsweife, kleine Häufer zu bauen und sie ihren Mitgliedern gegen terminweife abzutragendes Kaufgeld zu ausfchließ= lichem Eigenthum zu überlaffen.

4) Die beftehende Commiffion für die Wohnungsfrage fetzt ihre Thätig= keit bis zum nächsten Congreß fort und zwar mit der Maßgabe, daß sie unter Leitung der ftändigen Deputation des Congreffes verbleibt und sich durch Cooptirung namentlich von Bautechnikern ergänzt."

Von gefchichtlichem Intereffe für die heutige Verfammlung dürfte es fein, daß auf dem in Rede ftehenden Congreffe zu Nürnberg von verfchiedenen Rednern Anfichten dargelegt wurden, die, heute ausgefprochen, ihnen unfehlbar den Ruf von „Katheberfocialiften" verfchaffen würden. So z. B. der zweite Referent, Architekt Klette, indem er u. A. fagt: „Die Wohnungsnoth ift nicht fo fehr durch zu wenig zahlreiche Bauten als vielmehr durch das einfeitige Vorgehen und rückfichtslofe Treiben der Speculation hervorgerufen, der fich leider die Bautechnik um des Geldgewinns willen angefchloffen hat. . . . Das Wohnhaus ift zu einer Waare geworden, deren Eigenthümer es nicht auf ruhigen Befitz, fondern auf möglichft fchnellen und gewinnreichen Umfatz ab-gefehen hat. . . Die Gewinnfucht drängt dahin, auf recht niedrige Her-ftellungskoften zu fehen, und fo find jene Mißgeburten von Miethshäufern in unfern großen Städten entftanden, mit ihren dünnen Wänden, die weder vor Hitze noch vor Kälte fchützen. Die Speculation, der es befonders auf möglichft rafchen Verkauf des gebauten Haufes ankam, fchraubt, um hohe Verkaufspreife zu erzielen, zugleich die Miethspreife ungewöhnlich in die Höhe, fo daß alfo bei aller Unbequemlichkeit und Ungemüthlichkeit auch nicht einmal billige Wohnungen zu haben find."

Diefes harte Urtheil über die Speculation rief eine geharnifchte Ver-theidigung derfelben und eine warme Empfehlung der Selbfthülfe durch Herrn Dr. Böhmert hervor. Gleichwohl erwartet „Dr. O. Wolf (Stettin) von der Selbfthülfe nur wenig, und meint" zum Schluß feiner Rede: „Wenn wir gar keine Refolution faffen in diefer Frage, fo ift das auch kein Unglück, denn die Wohnungsfrage ift nicht fowohl eine volkswirthfchaftliche, als eine reine Culturfrage, welche die Wiffenfchaft als folche nicht fo fehr berührt". Gegen diefen „ablehnenden Standpunkt, den Standpunkt der impotenten Negation" des Herrn Wolf proteftirte Dr. Alex. Meyer entfchieden; er würde es fehr beklagen, wenn der Congreß ihn zu dem feinigen machte. „Weil die Woh-nungsfrage eine Culturfrage ift, deshalb ift fie auch eine volkswirthfchaftliche, denn der wirthfchaftende, der fociale Menfch ift erft der Culturmenfch, der ifolirte Menfch ift kein Culturmenfch. Es ift aber nicht blos unfere Aufgabe, die ewig unwandelbaren Gefetze der Volkswirthfchaft zu verkünden, und auf die Herftellung völlig untadelhafter Zuftände zu dringen, fondern wir haben auch auf Hebung und Veredlung des Menfchen felbft hinzuwirken, denn auch die beften Zuftände helfen nichts, wenn nicht auch der Menfch beffer gewor-den, wie umgekehrt eine Befferung des Menfchen nie allein aus einer Befferung feiner Zuftände hervorgehen kann". Selbftverftändlich ließ der Vorredner die ihm widerfahrene „Verarbeitung" nicht unbeantwortet, hielt fich auch durch diefelbe in keiner Weife widerlegt, behauptete vielmehr feinen Standpunkt, in-dem er die Frage aufwarf: „Wenn die Wiffenfchaft der Volkswirthfchaft fich mit der Wohnungsfrage befchäftigen foll, warum nicht auch mit der Kleidungs-frage?"

Wegen des Krieges fiel der Congreß im Jahre 1866 aus. Erft im Jahre 1867, auf dem Congreß zu Hamburg, kam deshalb die Wohnungsfrage von Neuem zur Verhandlung. Dort erhielt nach eingehender und ziemlich heftiger Debatte folgende Refolution die Majorität des Congreffes:

„Die Wohnungsfrage in den Städten kann nur gelöft werden, wenn es gelingt, die Herftellung der Bauten, namentlich auch der kleineren und billigeren Wohnungen, unter Berückfichtigung der nothwendigen, abfeiten des Staats feftzuftellenden Sanitätsbedingungen, nach Maßgabe des Bedürf-

niffes durch die Privatspeculation zu beschaffen. Die einschlagenden Bestrebungen der Privaten, der Gesellschaften und Behörden sollen dies Ziel
im Auge haben und nur den Uebergang thunlichst erleichtern".

Seitdem hat unseres Wissens der Congreß über die Wohnungsfrage
ein neues Votum abgegeben. Sie stand zwar auf der Tagesordnung der
iesjährigen Session in Danzig, kam daselbst aber nicht zur Verhandlung.
Es ist leicht möglich, daß man dort von dem in dem letzten Votum betonten
Standpunkte der ausschließlichen Selbsthülfe zurückgekommen wäre, da in den
Ansichten einiger hervorragenden Mitglieder des Congresses, so z. B. bei
Faucher (wie oben nachgewiesen), über die Unantastbarkeit des städtischen
Grundeigenthums erhebliche Wandlungen eingetreten sind. Indessen die An-
ichten dieser Mitglieder sind noch nicht die des Congresses selbst, und so ist
ichts anderes zu sagen, als daß er die Beseitigung der Wohnungsnoth und
ie Reform des Wohnungswesens lediglich von der Selbsthülfe verlangt und
on ihr erwartet. —

In den Jahren 1868 bis 1871 hat die Wohnungsnoth in den großen
Städten Deutschlands keineswegs eine rückläufige Bewegung gemacht, sie ist
ur vor den großen politischen Ereignissen dieser Zeit etwas mehr in den
Hintergrund getreten, hat auch wohl hier und da ein etwas langsameres
Tempo des Fortschreitens angenommen. Um so stärker brach sie nach been-
igtem Kriege, insbesondere in Berlin hervor, und sie stand deshalb fast unun-
erbrochen auf der Tagesordnung der vielen Bezirks-, Orts-, Gewerk- und
ocialdemokratischen Vereine und Versammlungen genannter Stadt. Eine von
er Berliner Socialdemokratie einberufene, am 24. September 1871 im
Alcazar, von 5 — 6000 Menschen besuchte Volksversammlung öffnete der
Mehrzahl der Berliner die Augen über die in großen Kreisen herrschende
Stimmung zur Sache. Die gehaltenen Reden ließen an Deutlichkeit nichts
u wünschen übrig, und folgende Resolution wurde mit allen gegen eine
Stimme gefaßt:

„Die Versammlung erklärt die Wohnungsnoth und Steigerung der
Miethen in großen Städten als Folge der heutigen socialen Zustände,
welche es den Grundbesitzern ermöglichen, durch die Bodenrente das arbei-
tende Volk auszubeuten und nicht der Bedürfnisse des Volks, sondern
schwindelhafter Speculation halber den Wohnungsbau zu betreiben."

„Die Versammlung erklärt daher, daß nur durch den socialdemokratischen
Staat, wo aller Grund und Boden Gemeingut ist und, den Bedürfnissen
des Volkes gemäß, Arbeiter-Productivgenossenschaften die Wohnungen herstellen, aber nicht durch Palliativmittel der heutigen Wohnungsnoth und
den großartigen Krankheiten, welche sie im Gefolge hat, ein Ende gemacht
werden kann."

„Im Hinblick auf die gegenwärtige Wohnungsnoth in Berlin erklärt
die Versammlung es für eine Beleidigung des Volkes von Berlin, wenn
die Behörden sich unterstehen sollten, den unverschuldet obdachlos werdenden
Arbeiterfamilien statt einer menschenwürdigen provisorischen Unterkunft das
Arbeitshaus anzuweisen. — Die Versammlung tadelt sodann auf's Schärfste
die Fahrlässigkeit der städtischen Behörden und der Gesundheitspolizei, welche
bisher noch nichts gethan haben, um pflichtgemäß den ansteckenden Krank-

heiten dadurch vorzubeugen, daß die Hausbesitzer angehalten werden, ihre oft Pesthöhlen gleichenden Räume in einen der Gesundheit zuträglichen Stand zu versetzen."

Fast auf dem Fuße folgte dieser Versammlung eine vom Centralrath der deutschen Gewerkvereine gemeinschaftlich mit dem Verband der Berliner Ortsvereine einberufene, welche am 26. September 1871 im Saale des großen Berliner Handwerkervereins stattfand. Auch in dieser, von ca. 1000 Personen besuchten Versammlung wurden sehr lebhafte Reden geführt, wurde sowohl Protest erhoben gegen den gemeinschaftlichen Erlaß des Magistrats und des Polizei-Präsidiums, wonach es eine Wohnungsnoth nicht gebe, als auch gegen die Resolutionen der Socialdemokratie vom 24. September, welche den Grundbesitz als Gemeingut proclamirt und damit jeden Besitzenden zurückschrecke, sein Capital auf den Bau von Wohnungen zu verwenden.

Dr. Max Hirsch), der Anwalt der Gewerkvereine stellte folgendes Programm zur Lösung der Wohnungsnoth-Frage auf:

Die Versammlung sämmtlicher Berliner Ortsvereine erklärt:

Zur Abhülfe der herrschenden Wohnungsnoth in allen Industrieplätzen, vor Allem in Berlin, verlangen wir Folgendes:

I. Von den arbeitenden Klassen selbst:

1. Die Schätzung einer gesunden und anständigen Wohnung als eines der höchsten Güter für sie und ihre Familien, daher Reinlichkeit, Pünktlichkeit und den Entschluß, die Güte der Wohnungen stets der nahen Lage vorzuziehen.

2. Die Gründung von Baugenossenschaften zur Erwerbung eigener Häuschen, vermittelst wöchentlicher oder monatlicher Einzahlung zugleich als vorzüglichste Sparkasse.

II. Von den Arbeitgebern, insbesondere den großen Fabrikbesitzern und Actiengesellschaften:

1. Einführung einer kürzeren Arbeitszeit mit längerer Mittagspause, welche das entfernte Wohnen der Arbeiter ermöglicht;

2. Unterstützung der Baugenossenschaften durch Darlehne auf lange Frist, billige Bauplätze u. s. w.

3. event. Einrichtung von gesunden Arbeiterwohnungen, welche auf lange Contracte und mit Amortisation des Kaufpreises durch die Miethe zu begeben sind.

III. Von der Commune und dem Staate:

1. Die sorgsamsten und energischsten Vorkehrungen für die Gesundheit der Wohnstätten auch der ärmeren Klassen, insbesondere das Verbot feuchter und zu niedriger Wohnungen, zu enger Straßen und Höfe, die Vorschrift zahlreicher bepflanzter Plätze, schleuniger Fortschaffung aller Unreinigkeiten und genügende Ventilation.

Zu diesem Zwecke Niedersetzung unparteiischer Gesundheitscommissionen mit Executivgewalt;

2. Beseitigung derjenigen Baupolizeivorschriften, welche die Errichtung kleiner Häuser erschweren und vertheuern und gänzliche Reform des Hypo= thekenwesens nach Muster der Bremenschen Handvesten:

3. Wesentliche Verminderung der kolossalen Stempelabgaben bei Ueber= tragung von Immobilien und progressive Abstufung der Mieths= und Gebäudesteuer;

4. Begünstigung von Baugenossenschaften und Unternehmung mittlerer und kleinerer Wohnungen, speciell durch Erbverpachtung öffentlicher Länderein und Gewährung von Hypothekencredit aus den großartigen Mitteln der französischen Kriegsentschädigung.

5. Bau von Häusern zur Unterbringung der Tausende von Gemeinde= und Staatsbeamten, welche gegenwärtig die Wohnungsnoth der arbeitenden Klassen mittragen und miterhöhen."

Die Versammlung schenkte diesem Programm ihren Beifall, verschob aber die eingehende Debatte wegen vorgerückter Stunde auf eine spätere Zeit; in Hinsicht auf den bevorstehenden Umzugstermin nahm sie jedoch noch folgende Resolution an:

„Nachdem die Versammlung der Berliner Ortsvereine auf unzweifelhafte Weise das Vorhandensein einer großen und unverschuldeten Wohnungsnoth constatirt hat, spricht dieselbe die bestimmte Erwartung aus, daß die Behörden beim bevorstehenden Umzugstermin Alles aufbieten werden, um den Obdachslosen ohne Schaden für ihre Gesundheit und ihre Ehre provisorisch Obdach zu verschaffen."

Unter dem lebhaften Eindruck und im Anblick der am Ostertermin 1872 in Berlin besonders heftig hervorgetretenen Wohnungsnoth fand im Juni dieses Jahres, wiederum auf Einladung des Verbandes der Berliner Ortsvereine, eine neue Versammlung im Berliner Handwerkerverein statt, in welcher ein Mann, der für sich allein auf dem ihm eigenen Gebiete ein Programm repräsentirt, vor einem Auditorium von circa 1,500 Personen seine Ansichten über die Ursachen und die Abhülfe der Woh= nungsnoth in längerem Vortrag entwickelte. Es ist Schulze=Delitzsch, der Anwalt der deutschen Erwerb= und Wirthschaftsvereine. Schulze berührt unter den Mitteln zur Abhülfe der Wohnungsnoth zunächst die Vorgänge einzelner großer Industrieller mit Bauten von Wohnhäusern für ihre Arbeiter, ohne aber allzuviel hiervon zu erwarten, glaubt vielmehr, daß auf diesem Wege die Wohnungsfrage nimmermehr gelöst werde. „Wir müssen darauf drängen, daß die Frage aus dem Bereiche bloßer Sonderinteressen einiger industrieller Etablissements und aus dem Bereiche rein humanen Strebens auf das allgemeine wirthschaftliche Feld hinübergeleitet werde. Die Frage in diesem Sinne aufzufassen, haben die Baugenossenschaften unternommen". Folgt nun ein kurzer geschichtlicher Ueberblick über dieselben. Dann auf die Wohnungsnoth in Berlin übergehend, ist der Wortlaut seiner Rede (nach Nr. 149 der Volkszeitung in Berlin vom 29. Juni 1872) folgender:

„Nur großartige Unternehmungen können hier in Berlin die Ab= hülfe der Wohnungsnoth bringen, solche aber müssen im Beginn mit groß= artigen Mitteln in Angriff genommen werden. Mit Capitalsammlung in 10 oder 12 Jahren kann hier die Wohnungsnoth nicht beseitigt werden; wir müssen sofort große Capitalien zur Verfügung haben, wenn wir zu einem gewünschten Resultate gelangen wollen.

Es handelt sich ferner um eine größere Speculation. Es muß in der nächsten Umgebung Berlins ein größerer Ländercomplex angekauft werden, dabei spricht die Speculation mit, denn es ist dies nicht ein Feld, auf welchem die Arbeiter zu Hause sind. Wir müssen also das Capital in großen Massen heranzuziehen suchen und zwar in einer Form, daß es das Unternehmerrisico zu übernehmen hat. Es kann und darf nicht das Risico den Arbeitern aufgebürdet werden, das wäre ganz entschieden gegen den Geist des Genossenschaftswesens. Das Unternehmerrisico muß das Capital übernehmen; nur wenn später der Arbeiter selbst ein Gebäude als Eigenthümer übernimmt, dann muß er natürlich auch das Risico selbst übernehmen. Wenn man die Capitalisten im Großen und Ganzen aber für diese Bauunternehmungen gewinnen will, so muß man ihnen auch diejenigen Bedingungen zugestehen, unter welchen überhaupt ein Capitalist seine Mittel zu einem solchen Unternehmen hergiebt. Hierbei ist daran festzuhalten, daß ein Capitalist sich immer nur mit einer gewissen Summe an einem Unternehmen betheiligen wird, weiter will er aber nicht dabei betheiligt sein, jedenfalls niemals mit seinem ganzen Vermögen. Ferner ist bei Bildung von Genossenschaften darauf zu sehen, daß ihre Selbständigkeit gegenüber den Unternehmern aufrecht erhalten bleibt; sie müssen sich selbst regieren und dürfen nach keiner Seite hin beeinflußt werden. Sie müssen frei ihre Interessen wahrnehmen können, ohne Einspruch seitens der Capitalisten. Es müssen daher beide Sachen streng geschieden werden, die Capitalgenossenschaft als Unternehmer und die Personalgenossenschaft als Kunde. Beide Genossenschaften aber müssen sich, nachdem sie sich unabhängig von einander und jede in ihrer Art selbständig organisirt haben, die Hände reichen, dann werden sie die große Frage, die gegenwärtig alle Gemüther bewegt, in der einfachsten Weise zur Lösung bringen. Die Aufgaben der beiden Genossenschaften haben ihre ganz bestimmten Grenzen. Während der Capitalgenossenschaft das Feld der Speculation einzuräumen ist, die möglichst zweckmäßige Erwerbung großer Baucomplexe, hat die Personalgenossenschaft die Aufgabe, die Sammlung von Capitalien unter ihren Mitgliedern zu organisiren, dann aber als Genossenschaft mit der Capitalgenossenschaft in ein freies Contractverhältniß zu treten, über den Bau von Arbeiterwohnungen resp. über die Erwerbung derselben. Es leuchtet ein, daß es den Besitzern großer Bauterrains angenehmer sein muß, mit einer Genossenschaft zu contrahiren, deren sämmtliche Mitglieder nicht blos mit einer bestimmten Summe, sondern mit ihrem ganzen Vermögen für die eingegangenen Verpflichtungen haften, als mit einzelnen Personen. Beide Genossenschaften stehen einander selbständig gegenüber und werden nur durch das gemeinschaftliche Interesse vereinigt. Eine Arbeitergenossenschaft ist nicht dazu geeignet, sich in große Unternehmungen einzulassen und ein Risico zu übernehmen. Dagegen kann auf der anderen Seite der Unternehmer sich nicht mit der Einsammlung von kleinen Capitalien abgeben, welche am besten von der Arbeitergenossenschaft in monatlichen oder

wöchentlichen Beiträgen angesammelt werden können. Wenn an der gegen=
wärtigen Selbständigkeit beider Genossenschaften und an der Wirksamkeit
einer jeden innerhalb der ihr zugewiesenen Sphäre festgehalten wird, so
wird es gelingen, der Wohnungsnoth Herr zu werden.

Es fragt sich ferner, welches von den beiden gegenwärtig neben
einander herlaufenden Systemen den Vorzug verdient: die Herstellung
kleiner Arbeiter=Familienhäuser (das sogenannte Cottagesystem) oder die
Herstellung großer Miethswohnungen, in welchen eine große Anzahl Ar=
beiter eine gesunde Unterkunft finden kann. Ich meinerseits gebe selbst=
verständlich dem Bau kleiner Häuser, die allmählich in das Eigenthum der
Familie übergehen, den Vorzug. Indeß wird bei den riesigen Preisen der
Grundstücke innerhalb der Stadt und ihrer nächsten Umgebung hier in
Berlin dieses System allein nicht befolgt werden können. Aber auch bei
dem anderen System der großen Miethshäuser wird die Genossenschaft auf
die Herstellung bequemer und zweckmäßig eingerichteter Wohnungen großen
Einfluß üben.

Wenn endlich die Frage aufgeworfen wird, ob denn auch die Ca=
pitalisten so freundlich sein werden, uns entgegenzukommen, so daß an eine
praktische Durchführung meiner Vorschläge zu denken wäre, so antworte ich
darauf: gehen Sie ungesäumt und ohne Rücksicht auf das Entgegenkommen
des Capitals mit der Bildung Ihrer Personalgenossenschaft vor. Wenn
man das Capital heranziehen will, dann darf man nicht warten, bis es
uns entgegenkommt, man muß selbst etwas schaffen und. zur Noth auch
ohne Capital etwas schaffen können, wenn es dann auch etwas länger
dauert. Ich habe selbst aus eigener Erfahrung als Anwalt der Genossen=
schaften mich überzeugt, daß schließlich das Mißtrauen der Capitalisten und
ihre Bedenken auf diese Weise immer überwunden werden. Die Capitalisten
kommen zuletzt allein. So steht jetzt den deutschen Genossenschaften, die
anfangs mit denselben großen Schwierigkeiten zu kämpfen hatten, ein fremdes
Capital in Höhe von 50 Millionen Thalern zur Verfügung. Organisiren
Sie nur und documentiren Sie dadurch den ehrenhaften Geist der Selbst=
hülfe, der in der deutschen Arbeiterwelt herrscht. Damit werden Sie alle
Schwierigkeiten besiegen. Wenn Sie im Gefühl der eigenen Kraft und
Würde so an die Lösung der Frage herantreten und Ihre ganze Energie
darauf verwenden, dann werden Sie nicht blos selbst, sondern der ganzen
Gesellschaft, die nie gesund ist, wenn ein einzelnes Glied leidet, einen großen
Dienst geleistet haben. Das Capital wird Ihnen zuströmen, nicht auf
Grund humaner Sympathien, sondern weil die gesunde volkswirthschaftliche
Anlage dasselbe anlocken wird."

Der Vortragende erörterte darauf die rechtliche Form, unter welcher sich
die Baugenossenschaft zu bilden hätte und schloß etwa in folgender Weise:

„Die Bedeutung der genossenschaftlichen Bewegung, welche gegenwärtig
in Ansehung der Wohnungsnoth Berlin ergriffen hat, geht weit über das
Bedürfniß dieser Stadt hinaus, sie berührt nicht allein die Interessen einer
einzelnen Klasse der Gesellschaft, sie geht das ganze Vaterland an und
kommt allen Klassen der Gesellschaft zu Gute. Sie werden meine Freunde

und mich stets bereit finden, an der Lösung dieser zugleich humanen und
nationalen Aufgabe mitzuwirken und Ihnen bei der Begründung von Bau=
genossenschaften zur Seite zu stehen. Sollte es mir gelingen, die genossen=
schaftliche Bewegung auch nach dieser Richtung hin in Fluß zu bringen,
ja sollte es auch nur gelingen, einen Weg zu finden, der wenigstens in be=
scheidener Weise Hülfe gegen die herrschende Wohnungsnoth schafft, dann
würde ich glauben, nicht vergeblich gelebt und unter Ihnen, den Arbeitern
Berlins, den Haupthebel meiner Wirksamkeit gefunden zu haben".

Ganz ähnlich sprach sich Schulze=Delitzsch im August d. J. auf dem
13. Vereinstage der deutschen Erwerbs= und Wirthschaftsgenos=
senschaften zu Breslau aus, auf welchem „die in den großen Städten und
Industriebezirken so grell hervortretende Wohnungsnoth" der Gegenstand
der Verhandlungen eines ganzen Tages war. Nach dem uns vor=
liegenden Referat in der Nationalzeitung vom 28. August 1872 trat der
Vereinstag in allen Punkten den Ausführungen Schulze's bei. Der Antrag,
welcher Annahme fand, lautet:

„Der allgemeine Vereinstag erkennt an, daß die durch die Aufnahme
stiller Gesellschafter vermittelte Heranziehung großer, auf lange Zeit un=
kündbarer Capitalien eine der Formen ist, durch welche das Capital den
Baugenossenschaften dauernd dienstbar gemacht und dieselben in den Stand
gesetzt werden, das Wohnungsbedürfniß auch der bemittelten Klasse leichter
zu befriedigen." —

Wesentlich anders die Socialdemokratie, deren gegenwärtige Stellung
zur Wohnungsfrage uns allerdings nur aus dem Berichte über eine am 8. Juni d. J.
abgehaltene Volksversammlung bekannt ist, in welcher die Mitglieder des all=
gemeinen deutschen Arbeitervereins, obwohl von ihnen die Versammlung
nicht einberufen worden war, die Majorität bildeten und ihr Präsident,
Hasenclever, den Vorsitz führte. Stadtverordneter May berichtete über
eine beim Reichstage einzubringende Petition, in welcher folgende Anträge
gestellt werden:

1. Jede Commune ist im Wege der Gesetzgebung zu verpflichten, ihre
Angehörigen ausreichend mit Wohnung zu versorgen und zwar, wenn irgend
möglich nach dem System der Einzelwohnungen.

2. Jede Commune ist zu ermächtigen, die innerhalb ihres Territoriums
belegenen unbebauten Grundstücke — gleichviel, ob communal, fiscal oder
im Privatbesitz befindlich — soweit dieselben für Wohnungszwecke oder für
öffentliche Bauten, als Schulhäuser rc. gebraucht werden, nach dem natür=
lichen und örtlichen Ertragswerth zu expropriiren und das Expropriations=
recht zum Zweck der Anlegung neuer Wohnhäuser oder sonstiger gemein=
nütziger Bauten — je nach Bedürfniß — auch über die Grenzen ihres
zeitigen Territoriums hinaus, anzuwenden.

3. Die hierzu nöthigen Baarmittel hat der Staat zu beschaffen und
zwar in Form von Papiergeld nach Art der Darlehnskassen=Scheine, wie
solche beim ostpreußischen Nothstande zur Anwendung kamen.

4. Dieses Papiergeld ist auf die bezüglichen Grundstücke und Baulich=
keiten zu fundiren. Jeder Commune werden für die entsprechenden Bau=

zwecke hiervon die nöthigen Mittel überwiesen und zwar in Form einer unverzinslichen Anleihe unter der Bedingung der Amortisation in einem Zeitraum, welcher die allmälige Rückzahlung möglichst leicht macht.

5. Jede Commune soll ermächtigt sein, folgende Bedingungen zu stellen: Wer auf eine Wohnung oder ein Wohnhaus nebst Zubehör Anspruch macht, hat: a) hierfür alljährlich eine entsprechende Miethsprämie zu zahlen; b) er muß die betreffende Wohnung oder das Grundstück selbst bewohnen.

6. Die Communen bleiben Besitzer der Baustellen und der Gebäude; sie dürfen jedoch Niemandem die Benutzung derselben entziehen oder auch nur verkümmern, wenn die an den Nießbrauch geknüpften gesetzlichen Bedingungen erfüllt werden.

Als Uebergangsbestimmung bezeichnen wir:

7. Jede Commune ist verpflichtet, für ihre obdachlosen Angehörigen bis zur schleunigsten Herstellung geeigneter Wohnräume ein provisorisches Unterkommen zu beschaffen.

Diese Anträge, wie überhaupt die Absicht, eine Petition an den Reichstag zu richten, erfuhren die lebhafteste Bekämpfung. Erstere wurden abgelehnt, dagegen folgende Resolution mit großer Majorität angenommen:

„Die Volksversammlung erklärt: Die von den Einberufern derselben unterbreiteten Vorschläge zur angeblichen Abhülfe der Wohnungsnoth sind reactionär, denn sie bezwecken nicht nur das Volk von Berlin zu verleiten, sich an den Reichstag mit Bittschriften zu wenden, obschon dessen reactionäre Zusammensetzung genügend bekannt ist, sondern es wird auch ein Almosen vom heutigen Staat und den aus dem Dreiklassen-Wahlsystem zusammengesetzten städtischen Behörden erbeten. Die Versammlung verwirft daher entschieden all dies reactionäre Gebahren, was nur dazu führen würde, den Arbeitern neue Ochsenkopf-Locale*) zu öffnen. Dagegen fordert die Versammlung alle Arbeiter Berlins auf, dem allgemeinen deutschen Arbeiterverein beizutreten, damit durch diesen auf dem Wege der Freiheit die Arbeiterfrage und mit ihr selbstverständlich zugleich die Wohnungsfrage gelöst werde."

Mit diesem Beschlusse stellte sich die Juniversammlung des Jahres 1872 auf denselben Boden, welchen die oben geschilderte Septemberversammlung des Jahres 1871 im Alcazar eingenommen hatte. Und hiernach sind die Postulate der Bourgeoisie oder des III. Standes, soweit sie im volkswirthschaftlichen Congreß repräsentirt sind: Nur Selbsthülfe, dahingegen des rechten Flügels des IV. Standes: Selbsthülfe, Communalhülfe und Staatshülfe zugleich, endlich des linken Flügels dieses Standes, der ein fünfter werden zu wollen scheint: Nur Staatshülfe.

---

*) Ochsenkopf ist die vulgäre Bezeichnung für das städtische Armen-Arbeitshaus in Berlin.

Es ist Zeit, nun auf eigene Hand die Mittel und Wege zu prüfen welche zur Abhülfe der Wohnungsnoth vorgeschlagen oder sogar schon in Ausführung gebracht sind. Nicht minder liegt uns ob zu untersuchen: 1. ob die Abhülfe der Wohnungsnoth wirklich nur allein von der Selbsthülfe erwartet werden müsse, und 2. inwiefern auch dem Staat und den Communen Gelegenheit gegeben ist und ihnen sogar die Verpflichtung obliegt, dieser socialen Krankheit mit ihrem Einfluß und ihrer Macht entgegenzutreten und zu ihrer Heilung beizutragen. Es ist also die Staatshülfe, die Communalhülfe und die Selbsthülfe, deren Competenz, Wirkungsmöglichkeit und thatsächliche Wirksamkeit wir zu beleuchten haben.

A. Staatshülfe.

Wer sich bei unseren neueren deutschen Verwaltungsrechtslehrern Gneist, Stein, Pözl, Held, von Holtzendorff und Anderen, oder auch bei den Franzosen, die ja bekanntlich das Droit administratif noch viel weiter ausgebildet haben, als die Deutschen, Rath und Belehrung über die Stellung des Staats zur Wohnungsfrage holen will, der wird mit Bedauern finden, daß von genannter Wissenschaft dieser Gegenstand ganz und gar nicht in das Bereich der Betrachtungen gezogen worden ist.

Der Werth der Schrift von Dr. Ratkowsky: „Die zur Reform der Wohnungszustände in großen Städten nothwendigen Maßregeln der Gesetzgebung und Verwaltung", liegt weniger in ihrem öffentlich rechtlichen, als in ihrem statistischen Inhalt, und die vor Kurzem erschienene Broschüre des Geh. Regierungrathes und Oberbürgermeisters a. D. Th. Körner: „Der Beruf des Staates und der Gemeinde in der socialen Frage", stellt wohl Forderungen der Gemeinde- und Staats-Wohnungsfürsorge auf, aber begründet sie unseres Erachtens nicht ausreichend.

Um uns nicht selbst einen Vorwurf zuzuziehen, wollen wir nur bei derjenigen Anforderung an den Staat etwas länger verweilen, zu welcher wir gelangen 1) wenn wir den Staat uns in seinen drei Haupterscheinungsformen, als Gesetzgebung, als Verwaltung und als Fiscus, Dienst- bezw. Arbeitsherrschaft vorstellen und 2) wenn wir uns beschränken, lediglich die Hauptursachen der Wohnungsnoth, das Baustellen-Monopol und den Wohnungsfeudalismus zu bekämpfen.

Unter den in der Signatur der Wohnungsnoth bezeichneten Umständen ist der Gesetzgebung für jetzt nur wenig Raum, weder zu einer erspriesslichen Wirksamkeit in der Wohnungsfrage überhaupt, noch nach den soeben genannten beiden Richtungen hin insbesondere, gegeben.

Die Expropriation der städtischen Baustellen ist, bezw. war zwar in einigen deutschen Ländern eingeführt, so z. B. in Hessen, in Württemberg bis 1819; ob sie aber, auf großstädtische Verhältnisse übertragen, viel zur Linderung der Wohnungsnoth beitragen würde, diese Frage getrauen wir uns jetzt noch nicht zu beantworten; sie erfordert ein reiferes Studium, als ihr bis jetzt zu Theil geworden ist. So lange es Mittel giebt, ohne Expropriation die schädlichen Wirkungen des Baustellen-Monopols zu beseitigen,

müssen wir uns gegen dieselbe erklären. Wenn übrigens häufig, zur Be=
gründung und Rechtfertigung des Expropriationsrechts von Baustellen, auf
analoge Vorgänge im Bergbau Bezug genommen wird, so kann das doch nur
mit Einschränkung geschehen. Jenes Recht leitet sich, nach Ansicht der meisten
Bergrechts=Historiker, daraus her, daß gewisse Kategorien von Mineralien, so
lange es überhaupt ein Privateigenthum giebt, von dem Verfügungsrecht des
Grundeigenthümers ausgeschlossen waren. Aber selbst, wo dies in Bezug auf
gewisse andere Mineralien, wie z. B. der Stein= und Braunkohlen im König=
reich Sachsen, nicht der Fall ist, wo der Eigenthümer der Oberfläche Herr
seines Grundes und Bodens bis zum Mittelpunkt der Erde ist, lehrt die
Erfahrung, daß es der Geltendmachung eines Expropriationsrechtes nicht
bedürfe, um den Bergbau daselbst auf die gleiche Stufe der Productions=
und Absatzfähigkeit zu bringen, wie in Ländern, wo die Kohlen mit zum Bergregal
gehören.

Auch von der Steuergesetzgebung ist keine große Hülfe zu erwarten. Es
könnte allenfalls für das zu Baustellen ausgeschlachtete, in dem Grundsteuer=
kataster als Acker oder Garten oder Wiese oder Weide oder Wald geführte
und besteuerte Land ein neues Culturobject „Baustellen=Land" creirt und dies
zu einer dem Werth desselben entsprechenden Steuer herangezogen werden,
allein das würde nur eine neue Belastung des Grundeigenthums und auf die
Abhülfe der Wohnungsnoth ziemlich einflußlos sein, ganz abgesehen davon,
daß diese Grundsteuer auch sehr schwierig umzulegen wäre, weil es an einem
Maßstabe für den zu besteuernden Ertrag einer unbenutzt liegen gelassenen
Baustelle fehlt, der bloße Werth oder vielmehr der Kaufpreis derselben aber
kein Steuerobject bildet.

Ratkowsky verweilt in seiner so eben citirten Schrift längere Zeit bei
dem Thema der Steuerfreiheit für Neubauten. Er schildert ihre Wirkungen
auf die Preise der Wohnungen und Baustellen und weist die Gemeinschäd=
lichkeit sowohl der in Oesterreich bestehenden für alle Neubauten als für Zu=
und Umbauten gleichen Steuerfreiheit nach. Aber die österreichischen und die
Wiener Verhältnisse sind in dieser Beziehung von den unsrigen sehr verschie=
den. Dort, wo die Steuer c. 40 Procent vom Miethzinse beträgt, verlohnt
sich die Steuerfreiheit allerdings ganz anders als in Berlin, wo die Staats=
Gebäudesteuer nur 4 Procent des ziemlich niedrig eingeschätzten Nutzungs=
werths und die Communal=Haussteuer nur $2\frac{2}{3}$ Procent des jährlichen Mieths=
ertrags beträgt. Der genannte Verfasser kommt zu dem Resultat, daß der
Erlaß der Steuern nicht den Bauunternehmern und Miethern zu Gute ge=
kommen sei, sondern lediglich den Baustellen=Besitzern und zur Verwohlfeilerung
der Wohnungen bis jetzt absolut nichts beigetragen habe.

Die neue Grundbuch=Ordnung in Preußen kann ihrer Natur nach zur
Abhülfe der Wohnungsnoth nur wenig beitragen. Ob sie den städtischen
Realcredit wesentlich fördern wird, das muß erst die Erfahrung lehren, in
anderer Weise hat sie auf das Wohnungswesen keinen Einfluß.

Fehlen nun nach obigen Ausführungen der Gesetzgebung dem Baustellen=
monopol gegenüber fast durchweg die Hebel zum Ansatz der Abhülfe, so ist es
mit ihr dem Wohnungsfeudalismus gegenüber nicht besser bestellt. Daß sie
mit Erfolg dem zuweilen haarsträubenden Inhalt der Miethcontracte dadurch

werde entgegentreten können, daß sie die aus solchen Contracten entstandenen
Forderungen der gewerbmäßigen Wohnungsvermiether an die Miether für
nicht einklagbar erklärt, erscheint uns eben so zweifelhaft, als wir uns nicht
verhehlen, daß jener Feudalismus dadurch nicht gebrochen werden, sondern auf
einer andern Seite eben so häßlich zum Vorschein kommen würde.

Die Ideen der oben vorgetragenen gemäßigten oder „blauen" Social=
demokratie, daß jede Commune im Wege der Gesetzgebung, also durch den
Staat, zu verpflichten sei, ihre Angehörigen ausreichend mit Wohnung zu
versorgen, und zwar, wenn möglich nach dem System der Einzelwohnungen;
daß die hierzu nöthigen Baarmittel der Staat zu beschaffen habe und zwar
durch Emission von Papiergeld, das auf die Grundstücke und Baulichkeiten
zu fundiren wäre, sind nicht ernstlich zu biscutiren, sie sind nichts anderes
als Seifenblasen. Wenn man sie näher ansieht, zerplatzen sie in Nichts.
Indessen hier ist nicht die Zeit und auch nicht der Ort, die Haltlosigkeit jener
Vorschläge ausführlich zu beweisen. Bezüglich der Emission von einer dem
Werthe des Grundbesitzes adäquaten Menge von Papiergeld sei nur Folgen=
des angedeutet: Diese Milliarden von Papiergeld würden einen so koloß=
salen Ueberfluß von Zahlungsmitteln schaffen, daß ein großer Theil der=
selben sofort zu den Emissionskassen zurückströmen müßte. Fände dort keine
Einlösung statt, so müßte man den Zwangscours decretiren. Das Metall=
geld würde sofort Agio gewinnen und verschwinden. Die erste Wirkung jener
Art von Wohnungsreform wäre mithin: allerschlimmste Zerrüttung unserer
Geld= und Münzverhältnisse, Papiergeldwirthschaft mit fortwährend schwan=
kender Valuta ꝛc. Das hieße denn doch den Teufel mit Beelzebub austreiben.

Sonach scheint auf dem Boden der Staatsgesetzgebung keine oder nur
sehr wenig Abhülfe der Wohnungsnoth zu liegen. Wie steht es mit der
Staatsverwaltung?

Der Staatsverwaltung steht ein ungleich größeres Feld der Ein=
wirkung auf die Wohnungsverhältnisse und der Wohnungsreform offen. Den
Hauptursachen der Wohnungsnoth kann sie aber eben so wenig wie die Ge=
setzgebung direct zu Leibe. Sie kann auf eine den Gesundheitsregeln ent=
sprechende Anlage der Wohnungen durch die Bauordnung wirken, und damit
diese Anlage nicht etwa durch den Gebrauch oder Mißbrauch der Wohnung
paralysirt werde, kann sie solche Wohnungen, die im Verdacht der Gesund=
heitsschädlichkeit stehen, von Zeit zu Zeit durch die Inspectoren eines öffent=
lichen Gesundheitsamts untersuchen lassen und auch die nöthigen Maßregeln
zum Schutz der Gesundheit der Bewohner derselben ergreifen.*) Sodann
wird die Staatsverwaltung im Stande sein, Einfluß auf die Bebauungspläne
der Städte und damit auf die zweckmäßige Auslage der Baustellen zu nehmen.

*) Den Zusammenhang zwischen der Wohnungsnoth und den in unseren Groß=
städten so intensiv herrschenden Epidemien hat unlängst die „Breslauer Zeitung" in
einem lehrreichen Artikel, überschrieben „die Besorgniß vor der Cholera" dargelegt, in
welchem sie nachweist, daß namentlich Cholera, Typhus, Pocken, Scharlach, Masern ꝛc.
durch das immer gedrängtere Zusammenwohnen der Menschen ungemein gefördert werden
und daß in Folge dessen die Wohnungsnoth nicht nur den Personen gefährlich werde,
welche kein Obdach finden können, sondern auch denen, welche ihren täglichen Aufenthalt
und ihre Schlafstellen in so beengten Räumen zu nehmen gezwungen sind.

untaugliche Bebauungspläne aber zu cassiren. Was durch solche gesündigt oder gefördert werden kann und wird, das bespricht für Berlin verständnißvoll Dr. E. Bruch in der Schrift „Berlins bauliche Zukunft und der Bebauungs= plan, Berlin 1870", für Wien Dr. E. Sax, welcher den Beweis antritt, daß die gründliche Behebung der Wohnungsnoth Wiens, die bekanntlich durch die Stadterweiterung nicht erfolgt ist, nur durch den Neubau Wiens im Zusammenhange mit der Donauregulirung erfolgen könne. Letzterer ist denn auch bereits in des Oberbürgermeisters Dr. Felder Verwaltungsbericht für 1871 ein eigener ausführlicher Abschnitt mit Plänen gewidmet. Gestaltet sich das neue Wien in der projectirten Weise, dann kann ihm der Anspruch, die schönste und zugleich die zweckmäßigst angelegte aller Großstädte zu sein, von keiner anderen auch nur entfernt streitig gemacht werden. Am allerletzten von Berlin mit seinen jetzigen vielen großstädtischem Wesen schnurstracks entgegen laufenden Einrichtungen.

Endlich kann seitens der Staatsverwaltung zur Verminderung der Wohnungsnoth viel durch directe Herstellung oder durch Hinwirkung auf die Herstellung guter Communicationsanstalten sowohl zwischen den Erzeugungs= orten der Baumaterialien und den Orten ihrer Verwendung, als auch zwischen den Wohnungen in den Vorstädten oder Vorstadtscolonien und den Ver= kehrsmittelpunkten der Städte geschehen. In keiner Stadt wird in dieser Richtung mehr geleistet als in London. Faucher, Königl. Regierungs= und Baurath Schwabe, die Schriftsteller Beta und Andere haben hierüber treffliches Material zusammengetragen, das unlängst das Magazin für die Literatur des Auslandes zu einem höchst lehrreichen prägnanten Aufsatze „Eisenbahnen und Bahnhöfe in London" zusammenfaßte und seinen zahlreichen Lesern mittheilte*). In der That, wer oft in London war und an sich selbst die häufige Erfah= rung gemacht hat, wie viel leichter, bequemer und schneller man dort z. B. von Kensington nach der Börse im Mittelpunkt der Riesenstadt gelangen kann (wozu ein tüchtiger Fußgänger gegen $1\frac{1}{2}$—2 Stunden Zeit braucht), als in Berlin etwa vom Landsberger Thor nach den Linden, der kann nur Aner= kennung für die hohe Ausbildung aller Arten des Communicationswesens und deren wunderbares Zusammengreifen in London haben**).

---

*) Auch hierdurch hat diese treffliche Wochenschrift sich als wirkliches Magazin bewährt, in welchem Niemand vergeblich nach rascher und sicherer Auskunft über die im Auslande hervorragenden Leistungen sucht.

**) Erst nach der Ausarbeitung gegenwärtigen, nach einzelnen schriftlichen Notizen mündlich gehaltenen Vortrages ist im Berliner Tageblatt vom 16. October 1872 ein Aufsatz von Adolph Streckfuß über die Wohnungsnoth und die Eisenbahnen erschie= nen, dessen lehrreicher Inhalt ein besseres Schicksal verdient, als eine Eintagsfliege in einer wenig über Berlin hinaus gekannten Zeitung zu sein. Er führt aus, daß, ohne die vielfachste Eisenbahnverbindung zwischen den Wohnungscolonien an und jenseits der äußersten Peripherie der Großstädte mit deren geschäftlichen Mittelpunkten, der Nutzen jener für die Bewohner deshalb nur gering sei, weil die Ausgaben für das tägliche Hin= und Herfahren denselben das Wohnen da eben so theuer machen, als in der Stadt selbst. Er bringt aber den Beweis bei, daß die Eisenbahnen sehr leicht im Stande seien, Passa= giere für $\frac{1}{2}$ Sgr. per Person und Meile mittelst solcher Localzüge zu befördern, und daß bei so geringen Kosten das betreffende Publikum eine Vielzahl von Zügen von den Eisen= zahnen fordern könne. Streckfuß giebt die vollständigen Selbstkosten eines Personen= buges mit 8 Personenwagen (für 320 Personen) zu 4 Thlr. pro Meile an; die preußische Eisenbahnstatistik für 1870 zu 3 Thlr. 10 Sgr.

Niemand hat eindringlicher den Vortheil und die Bedeutung guter Communicationsanstalten zwischen den Großstädten und ihrer Umgebung für die Wohnungsverhältnisse der Staatsverwaltung dargelegt und letztere auf ihre Wirkungssphäre hierbei aufmerksam gemacht, als der Berliner Magistrat dieß mit Bezug auf Berlin dem preußischen Minister für Handel, Gewerbe und öffentliche Arbeiten gegenüber in einem von ersterem publicirten Schreiben vom 23. Oktober 1871 gethan hat. Es verdient hier eine Stelle zu finden, sein Inhalt ist folgender:

Die Wohnungsverhältnisse Berlins gewinnen eine solche Gestaltung, daß unverkennbar dringende Veranlassung vorliegt, denselben und namentlich denjenigen der weniger bemittelten Bevölkerungsclassen einen hohen Grad von Aufmerksamkeit zuzuwenden, zumal die Entwickelung der Wohnungsverhältnisse unzweifelhaft vom erheblichsten Einflusse auf die Entwickelung unserer gesammten socialen Zustände sein wird. Es muß jedoch ein directes Eingreifen der Behörden in die wirthschaftliche Bewegung unbedingt vermieden werden, vielmehr muß es der Privatspeculation unter allen Umständen überlassen bleiben, die Nachfrage nach Wohnungen zu befriedigen; denn eine unmittelbare Betheiligung von Staats= oder Communalbehörden an der Bauthätigkeit könnte zu den bedenklichsten Consequenzen führen.

Dagegen ist es, unseres Erachtens, Aufgabe, ja Pflicht der betheiligten Behörden, innerhalb ihrer Zuständigkeit alle Hindernisse zu beseitigen, welche einer gesunden Entwickelung der hiesigen Wohnungsverhältnisse entgegenstehen und überall da fördernd einzugreifen, wo die zu ihrem Ressort gehörigen Anstalten und Einrichtungen dazu Gelegenheit bieten.

Die hauptsächlichste Ursache der hohen Wohnungspreise in Berlin liegt in dem hohen Grund= und Bodenwerth. Wenn eine Quadratruthe Land 300—500 Thlr. kostet*), so muß dieselbe für sich allein und ohne jede Hinzurechnung des Gebäudewerths jährlich 20—40 Thlr. Miethe aufbringen; erwägt man aber, welche Flächen für den Hof, die Einfahrt, die Treppenanlagen, das Privé und für nothwendige Wirthschafsräume, event. für Straße und Vorgarten frei bleiben oder nicht zur eigentlichen

---

*) In der Mitte der Stadt, z. B. in der Leipziger Straße, werden für 1 Quadratruthe Baustelle jetzt (Oct. 1872) schon 3,500 Thlr. und mehr gefordert. Unter den Linden sogar 6,000 Thlr. und darüber. In der Nähe letzterer, jedoch keineswegs in einer Ladengegend, am Gießhause, forderte selbst Fiscus von einem Adjacenten den Preis von 3,000 Thlr. pro Quadratruthe à 144 Quadratfuß. Dies macht für ein Zimmer in den keineswegs großen Dimensionen von 16 Fuß Breite zu 18 Fuß Tiefe (= 288 Quadratfuß oder 2 Quadratruthen) in einem dreistöckigen Hause einen Baustellenpreis von 2—4,000 Thlr.; für eine enge Familienwohnung von 10 Quadratruthen 10—20,000 Thlr., die bei 6procentiger Verzinsung des Baustellen=Capitals die Wohnung allein mit 600 bis 1,200 Thlr. jährlich belasten. Hierzu tritt dann noch das Baucapital, das mindestens pro Quadratfuß 5 bis 6 Thlr. oder pro Quadratruthe rund 750—1,000 Thlr., für 10 Quadratruthen also das 10fache, d. h. 7,500—10,000 Thlr., beträgt. Bei 6procentiger Verzinsung entfallen daher noch weitere 450—600 Thlr. auf jene Wohnung, deren Gesammtmiethzins sich dann billigst auf 1,050 bis 1,800 Thlr. stellt, erheblich wohlfeiler allerdings dann, wenn statt 3stöckig, 4=, 5= oder mehrstöckig gebaut und Keller wie Dach und Hof aufs Aeußerste ausgenutzt werden. In jenem Fall überragt der Baustellenpreis den Baupreis bedeutend; ein Durchschnittsverhältniß beider zu einander in Berlin ist ca. 40 zu 60 Procent.

Wohnung hinzugezogen werden können, so steigert sich die aufzubringende Rente von der eigentlichen Wohnungsfläche auf das Doppelte, nämlich 40—80 Thlr.; nimmt man nun ferner an, daß ein Haus in 3—4 Etagen übereinander Wohnungen gewährt, daß andererseits aber auch etwa 3—4 Quadratruthen zu einer nur kleinen Wohnung gehören, so stellt sich für eine solche die nothwendige Miethe, so weit sie nur eine Verzinsung des Grund- und Bodenwerthes herbeiführen will, wiederum auf 60—80 Thlr. per Jahr, und dies ist, verglichen mit anderen Orten, ein bedauerlich hoher Satz. Die Ursache dieses Verhältnisses ist darin zu finden, daß das Wachsthum Berlins in stärkerem Tempo fortschreitet, als geeignete Vorkehrungsmaßregeln zur Verhütung der aus diesem Wachsthum entstehenden Nachtheile. Das Wachs- thum Berlins ist gewissermaßen sich selbst überlassen und besteht einfach darin, daß dem dringendsten Bedürfnisse entsprechend rund um die Stadt, unmittelbar an der Peripherie derselben, sich neue Häuser und Häusergruppen ansetzen, so daß also, während der Charakter der gesammten städtischen Anlage derselbe bleibt, sie doch sich fortgesetzt an der Peripherie vergrößert und die Entfernungen von hier nach dem Mittelpunkt der Stadt — jahr- aus, jahrein — wachsen. Daraus resultiren verschiedene Uebelstände; zu- nächst wird die Communication, für welche innerhalb einer schon bebauten Stadt doch nur sehr nothdürftige, jedenfalls nur enorm kostspielige Er- leichterungen geschaffen werden können, immer schwieriger, weil die Straßen länger und belebter werden; der Gang aber, welchen der an der Peripherie der Stadt Wohnende nach seinem Geschäft innerhalb der Stadt täglich mehrmals zu machen hat, erreicht die Grenze der physischen Möglichkeit.

Dann erlangt das unbebaute Land, von Jahr zu Jahr fortschreitend, an der Peripherie die volle Qualification und damit den vollen Baustellen= Preis, welcher sich mit der unvermeidlichen Nachfrage — und gewissermaßen monopolisirt — entwickelt. Der unmittelbare Anschluß solcher Baustellen an vorhandene öffentliche Anlagen, wie Straßenpflaster, Beleuchtung ꝛc. bietet ausschließliche Vortheile dar, welche in dem Preise dieser Baustellen sofort ihren Ausdruck finden.

Endlich aber wird jede Verschiedenartigkeit baulicher Behandlung da- durch so gut wie ausgeschlossen, denn alles, was sich unmittelbar um die Peripherie der großen Stadt gruppirt, muß sich den ausgefeilten wirth= schaftlichen Regeln derselben unterordnen und seinen Charakter annehmen. Zwar haben sich in der Victoriastraße, Thiergartenstraße, Albrechtshof, in der Umgebung der Kurfürstenstraße und bei Charlottenburg einzelne Villen= anlagen gebildet, aber man kann dieses Factum doch nicht als einen Beweis gegen das Vorgesagte anführen, denn diese wenigen Anlagen beruhen nicht auf wirthschaftlichen Motiven, die für das Ganze maßgebend sein können, sondern auf der Liebhaberei einzelner reicher Leute, welche eine Rente in der Befriedigung dieser Liebhaberei zu finden in der Lage sind.

Der Berliner Entwickelungsgang besteht sonach in der peripherischen Vergrößerung durch vielstöckige Wohnhäuser, welche ununterbrochen von Statten geht.

Die cohärente Berliner Steinmasse hat bereits einen Durchmesser

erlangt, deffen Maas, wie gefagt, an die Grenze einer noch möglichen Fuß=
communication ſtreift. Es iſt deshalb die höchſte Zeit, daß ſeitens der zuſtändigen Behörden
diejenigen Heilmittel angewandt werden, welche innerhalb der ihnen zuge=
wieſenen Thätigkeitsſphäre liegen und für welche andere große Städte, na=
mentlich London, lehrreiche Beiſpiele liefern. Die Frage hat keineswegs
nur ein communales Intereſſe, vielmehr iſt es unverkennbar auch für den
Staat von außerordentlicher Bedeutung, welchen Gang die Geſtaltung der
Wohnungsverhältniſſe und der bezüglichen Lebensgewohnheiten im Centrum
des Landes nimmt. Die Competenz der Communalbehörden reicht nicht
weit genug, um ihnen ein ſelbſtändiges Vorgehen mit durchgreifenden
Maßregeln zu ermöglichen, zumal es ſich weſentlich um die geeignete Be=
nutzung von Verkehrsanſtalten des Staates und zum großen Theil auch
um die Herſtellung von billigen Communicationen nach und auf Gebieten
handeln wird, welche nicht zum Weichbilde unſerer Stadt gehören und deren
Einverleibung wir auch nicht einmal für rathſam erachten könnten. Vielmehr
müßten wir einer weiteren communalen Centraliſation, welche etwa in der
Weiſe erfolgen ſollte, daß noch mehrere der benachbarten größeren Communen
mit der Gemeinde Berlin verſchmolzen würden, recht erhebliche Bedenken
entgegenſtellen. Und doch wird dem Verlangen nach ſolcher Centraliſation
auf die Dauer mit Erfolg nur dann zu begegnen ſein, wenn — ohne
eine vorausgegangene communale Verſchmelzung — ein größerer Umkreis
von Berlin (zunächſt etwa der ſogenannte weitere Berliner Polizeibezirk) in
Bezug auf alle dem Verkehr dienenden Anſtalten und Einrichtungen: Poſt,
Telegraphen, Chauſſeen u. ſ. w. als zu Berlin gehörig behandelt wird, woraus
z. B. folgen würde, daß Verkehrsſtraßen innerhalb dieſes Gebietes nicht mehr
mit Chauſſeegeldern zu belaſten wären, durch deren Erhebung gegenwärtig nicht
allein die Tarifirung der Droſchkenfahrten für ein weiteres Gebiet erſchwert
wird, ſondern auch die einzige bis jetzt vorhandene Pferdebahn bedeutend
belaſtet und zur Feſthaltung eines hohen Fahrpreiſes genöthigt wird.
Es erſcheint uns als nothwendig, daß Maßregeln getroffen werden, welche
auch den im Centrum der Stadt beſchäftigten Perſonen die Möglichkeit geben
und es ihnen ſogar bequem und angenehm machen, in einer weiteren Ent=
fernung vom Mittelpunkte der Stadt ihre Wohnung zu nehmen. Für
die Entwickelung der Berliner Wohnungsverhältniſſe würde dadurch eine
neue Bahn eröffnet und derſelben eine geſunde Richtung gegeben werden.
Lediglich unter dieſem Geſichtspunkte haben wir uns neuerdings für die
Herſtellung eines Netzes von Pferdeeiſenbahnen intereſſirt, aber leider bei
den betheiligten Staatsbehörden bis jetzt nicht die zur Förderung der Sache
nothwendige Unterſtützung gefunden. Es werden jedoch dieſe Pferdebahnen,
ſelbſt wenn alle Schwierigkeiten, welche der vollſtändigen Ausführung des
vorliegenden Projectes ſich noch entgegenſtellen, beſeitigt wären, für ſich allein
nicht im Stande ſein, in durchgreifender Weiſe auf eine Umgeſtaltung
unſerer Verhältniſſe einzuwirken, weil die Pferdebahnen für größere Ent=
fernungen wegen Langſamkeit der Beförderung zu zeitraubend ſind und weil
ſie bei der Beſchränktheit ihrer Leiſtungsfähigkeit in den für den regel=
mäßigen Verkehr nach und aus dem Centrum der Stadt entſcheidenden

wenigen Morgen= und Abendstunden nur einen verhältnißmäßig geringen Theil des Verkehrs würden aufnehmen resp. nicht die genügende Anzahl von Personen auf einmal würden befördern können — wie sich dies gegen= wärtig bereits täglich an der Charlottenburger Pferdebahn beobachten läßt. Auch werden Pferdebahnen immer — selbst nach der hoffentlich bald er= folgenden Beseitigung der Belastung durch Chausseegeld — ein verhältnißmäßig kostspieliges Beförderungsmittel bleiben und deshalb von den nicht be= mittelten Bevölkerungsklassen nur in beschränktem Maße benutzt werden können. Nur Locomotiv=Eisenbahnen sind unseres Erachtens im Stande, allen Ansprüchen eines regelmäßigen massenhaften Personenverkehrs zu genügen und vermöge ihrer Leistungsfähigkeit eine allen Klassen der Bevölkerung zugängliche billige Communication aus dem gesammten weiteren Umkreise der Stadt nach dem Centrum derselben nnd aus letzterem nach allen Theilen der Peripherie herzustellen.

Denn es ist erforderlich, durch Darbietung ausreichender Communi= cationsmittel eine so große Fläche um Berlin herum (Ringbahngebiet) für die Bebauung aufzuschließen und durch radicale Bahnen, welche möglichst weit in die innere Stadt hineindringen, diese aufgeschlossene Bebauungsfläche so mit dem Innern der Stadt zu verbinden, daß das Land bei Weißensee oder Steglitz, Wilmersdorf oder Stralau, Reinickendorf und Tempelhof in Concurrenz treten kann mit den hochpreisigen Baustellen an der Peripherie Berlins.

Wenn wir den Durchmesser der bewohnten Stadt Berlin zu 1280 Ruthen annehmen, so hat eine Ringfläche, — deren innerer Durchmesser gleich 1600 Ruthen ist, welcher im Süden an der Bergmannsstraße, im Westen am kleinen Stern, im Norden an der Mitte des Exercierplatzes zur einsamen Pappel, im Osten an der Trennung des Boxhagener Weges von der Frankfurter Chaussee beginnt — deren äußerer Durchmesser gleich 3548 Ruthen ist und welcher im Süden kurz hinter Tempelhof, im Westen mitten in Charlottenburg, im Norden zwischen Pankow und Nieder= Schönhausen, im Osten zwischen Lichtenberg und Friedrichsfelde aufhört, — bereits den 6fachen Flächeninhalt von ganz Berlin. Wenn es gelingt, diese Grundfläche für die Bebauung heranzuziehen, wird bei der außer= ordentlichen Concurrenz, welche die Größe dieses Gebietes sich selbst macht, der Grund= und Bodenpreis nur noch einen kleinen Bruchtheil der jetzigen Forderungen betragen können und ein den Bewohnern angemessener und billiger Charakter der Bebauung würde zum finanziellen und physischen Wohl aller Einwohner und namentlich der ärmeren Leute beitragen können.

Die Ausarbeitung des Bebauungsplanes für Berlin, — richtiger des Straßenplanes von Berlin, — ohne daß diese Straßen wirklich angelegt wurden, hat eine große Zahl von Flächen zwar nicht der Be= bauung erschlossen, denn die Straßen existirten nur auf dem Papier, wohl aber hat er den Inhabern dieser Flächen Veranlassung gegeben, Baustellen= preise dafür zu fordern, und er hat somit zur Preissteigerung der Bau= stellen wesentlich mitgewirkt. Jenseits des Rayons dieses Bebauungsplanes hört mit ihm selbst seine vertheuernde Wirkung auf.

Mancherlei für das Innere Berlins nöthige baupolizeiliche Vorschriften mußten ebenfalls ihre Wirkung dahin äußern, daß der Preis der Miethen ein hoher wurde, — in jener äußeren oben bezeichneten Ringfläche aber hat die Berliner Baupolizei-Ordnung keine Gültigkeit und in freierer, allem Vermuthen nach billigerer Weise wird dort noch auf langer Zeit hinaus gebaut werden können.

Wenn so erhofft werden darf, daß durch Herstellung von Communicationen billiges Bauterrain erschlossen wird, welches der Geldnoth der ärmeren Klasse gegenüber den hohen Miethspreisen Erleichterung verschafft, so knüpft sich daran die Forderung, daß das, was geschehen kann, baldigst geschehe.

Die neue Verbindungsbahn um Berlin hat eine vortreffliche Lage, um den Verkehr herzustellen, aber sie befördert bis jetzt keine Personen. Wir dürfen wohl annehmen, daß sie es thun würde, wenn das Bedürfniß dazu offen vorläge. Soll aber das Bedürfniß sich etwa erst so herausstellen, daß eine für einen Personenzug genügende Anzahl Personen nicht vorübergehend, sondern dauernd auf dem Bahnhofe der Mitnahme nachsucht, dann wird noch lange kein Nachweis des Bedürfnisses geführt werden können, und doch ist das Bedürfniß ein dringendes, wie wir allein daraus entnehmen können, daß ohne solche Communication, blos in Hoffnung des zukünftigen Zustandekommens einer solchen Bebauungscomplexe außerhalb der Stadt entstehen. Wenn nur gute Communicationen geschaffen werden, so werden wir bald genug sehen, mit welcher Begierde Berlin sich von dem Drucke seiner hochbebauten Straßen entlastet, wie neue Bebauungscentren im Kreise um Berlin entstehen und wie intensiv und in jetzt noch kaum geahnter Weise — sei's zum Geschäft, sei's zum Genuß — der Berliner Einwohner diese Ringlinien benutzen wird. Für die Benutzung der Verbindungsbahn durch Personen würde es vorzugsweise wichtig sein, daß die Züge auf derselben in die (nöthigenfalls für die Aufnahme des neuen Verkehrs noch zu erweiternden) vorhandenen Bahnhöfe der die Gürtelbahn schneidenden Eisenbahnen eingeführt und von dort aus auch abgelassen würden. Erfolgte überdies an allen Kreuzungspunkten der Verbindungsbahn mit den Hauptverkehrsstraßen die Anlage von Stationen für den Personenverkehr, so würden diese Stationen bald die Zielpunkte der Omnibus- und Pferdebahn-Routen aus dem Centrum der Stadt werden. Wofern aber die Privatbahnen, welche die Verbindung zwischen der Stadt und der Ringbahn allein in ausreichender Weise herstellen können, sich weigern sollten, den Personenverkehr von der Verbindungsbahn aufzunehmen, so wird es Eurer Excellenz gewiß nicht an Mitteln fehlen, diesen Widerspruch bald zu beseitigen. Uebrigens muß der Verkehr auf der Verbindungsbahn, wenn er durchgreifend nutzen soll, ungewöhnlich billig sein, und es müssen Züge nach beiden Richtungen in ungewöhnlich kurzen Intervallen einander folgen. In unmittelbarer Nähe einer solchen Stadt wie Berlin hat der alte Satz, daß das Verkehrsmittel den Verkehr macht, und daß die Ermäßigung des Tarifs die Einnahmen erhöht, gewiß seine Berechtigung.

Und selbst, wenn bei der sofortigen Einrichtung einer möglichst häufigen und vor Allem möglichst billigen Personenbeförderung auf der Verbindungsbahn im Anschluß an die aus der Stadt führenden Bahnen zunächst die künftigen Verkehrsverhältnisse und Bedürfnisse gewissermaßen anticipirt würden und die neue Einrichtung deshalb Anfangs vielleicht mit einigen Opfern für die betheiligten Eisenbahnen verbunden wäre, so würden diese Opfer durch den rasch sich entwickelnden Verkehr bald wieder eingebracht sein. Die Sache aber, welcher dieses nur scheinbare, vorübergehende Opfer zu bringen wäre, — die gesunde Gestaltung der Wohnungsverhältnisse Berlins, — ist auch für den Staat von so außerordentlicher Bedeutung, daß wir uns gewiß mit Zuversicht der Hoffnung hingeben dürfen, Eure Excellenz werden dieser Angelegenheit Ihr volles Interesse schenken und gern auf unsere, hiermit ausgesprochene, gehorsamste Bitte eingehen, hoch- geneigtest dahin wirken zu wollen, daß

1. die Ringbahn durch den Bau der Strecke von Schöneberg nach Char- lottenburg bald vollendet,
2. die Zahl der Personenbahnhöfe an der Verbindungsbahn möglichst ver- mehrt und
3. die Ringbahn in Verbindung mit sämmtlichen dieselbe schneidenden vorhandenen Eisenbahnen alsbald dem Personenverkehr mit möglichst häufiger Beförderung zu den billigsten Preisen übergeben werde.

Berlin, den 21. October 1872.

Magistrat hiesiger Haupt- und Residenzstadt.

Die von manchen Seiten vorgeschlagene theilweise Entleerung der Groß- städte (die eigentlichen Heerde der Wohnungsnoth) durch Verlegung vieler Behörden in denselben nach anderen kleineren Städten würde gleichfalls zu den Staatsverwaltungs-Maßregeln gehören. Wir versprechen uns davon aber keinen Erfolg.*) Denn notorisch ist die Wohnungsnoth aus Wohnungsmangel in solchen kleinen Städten häufig noch viel ärger, als in den Großstädten, und von einer Auswahl der Wohnungen nach den Bedürfnissen der Familien ist dort gar nicht die Rede. Es müßten denn dergleichen Städte von Staats-

---

*) Wir sind gegen eine Zerstreuung derjenigen Behörden über viele Orte in einer Provinz, die zweckmäßig an einem und demselben Orte vereinigt sind. Damit soll einer irrationellen Centralisation der Verwaltung keineswegs das Wort geredet sein; daß man aber das eine Centraldepartement von einer, das andere von einer andern Stadt aus verwalte, das ist irrationelle Decentralisation und als solche zu tadeln. Erstere kann viel leichter zu einer Geschäftsvereinfachung führen, als letztere. Zwischen den Behörden wird viel zu viel geschrieben und auch Vieles über solche Dinge, die mündlich ungleich besser erledigt oder doch vorbereitet und zur Verständigung gebracht werden, so daß das schließliche Schriftstück gleichsam nur noch die schriftliche Ausführung der mündlichen Abmachung ist. Zu solcher fehlt es leider vielfach an Gelegenheit. Wie oft gehen sich die Decernenten einer Sache, die einen mündlichen Gedankenaustausch über den Gegen- stand ihres Referats suchen, fehl! Würde man in den großen Centralpunkten wöchent- liche Beamtentage errichten, woselbst jeder Decernent an bestimmten Stunden des Tages eben so regelmäßig an einem bestimmten Platz, wie der Kaufmann auf der Börse zu treffen wäre, so könnte unendlich viel Schreiberei gespart werden und die öffentliche Verwaltung könnte in rascher Erledigung ihrer Geschäfte einigermaßen mit der Privat- verwaltung concurriren. Jener mündliche Verkehr bedingt aber provinzielle Centralisa- tion, nicht örtliche Decentralisation der Behörden. Am allerletzten sollte eine solche blos zur Aufbesserung der ökonomischen Lage dieser oder jener Orte stattfinden; das dienstliche Interesse muß das allein entscheidende sein.

wegen erst mit Neubauten für Beamte ꝛc. versehen werden. Hiermit betreten wir ein neues Gebiet der Staatsthätigkeit.

In der Fürsorge für seine Beamten erscheint nämlich der Staat als Dienstherrschaft, gleichviel ob die Dienenden dem Civil= oder Militärstande angehören. Ist der Staat auch Gewerbtreibender, so ist er der Arbeitgeber der Beamten und Arbeiter des betreffenden Gewerbebetriebs. Es will uns schei= nen, als ob der Staat in diesen Qualitäten, als Dienstherr und Arbeit= geber, nicht blos die Möglichkeit, sondern auch die ganz bestimmte Verpflich= tung hätte, in die Wohnungsnoth und zwar in die seiner Beamten und Ar= beitnehmer einzugreifen. In letzterer Eigenschaft thut er es vielfältig, wie das noch vor Kurzem für Preußen von der ministeriellen Provinzial=Cor= respondenzen folgend im Artikel anerkannt wurde:

„Die preußische Staatsverwaltung hat auf alle denjenigen Gebieten, auf welchen sie mit der Arbeiterbevölkerung in unmittelbare Berührung tritt, ihr Augenmerk fort und fort darauf gerichtet, für die Verbesserung der Lage der Arbeiter durch die Förderung gemeinsamer Einrichtungen zu wirken. Es gilt dies namentlich von der Verwaltung der Staatsbergwerke. Zu den wesentlichsten Bedingungen des Aufblühens materiellen Wohlstandes gehört die Seßhaftigkeit des Arbeiterstandes. Um dieselbe zu befördern, hat die Bergverwaltung die Ansiedlung der Arbeiter in der Nähe der Werke möglichst begünstigt und dadurch gleichzeitig der Uebervölkerung vorhandener Miethswohnungen vorgebeugt, sowie den Arbeiter vor Aufreibung seiner Kräfte durch allzuweite Wege vor Beginn der Arbeit zu bewahren gesucht. Der Staat bewilligt den auf seinen Werken beschäftigten Arbeitern zu diesem Zwecke Geldunterstützungen für den Bau eigener Häuser, welche theils in einem festen Geldgeschenke, einer Prämie, theils in einem unver= zinslichen Darlehn bestehen. Je nach der Größe der zu bebauenden Grund= fläche werden 250 bis 300 Thlr. Prämie gewährt. Die Bauvorschüsse, welche zinsfrei sind und in jährlichen Beträgen von 8 bis 12½ Procent zurückgezahlt werden müssen, reichen bis zu 500 Thalern. In vielen Fällen, namentlich in Oberschlesien wird der Grund und Boden zur Baustelle in Parcellen von je ½ Morgen unentgeltlich hergegeben und hat der Fiscus bei den verschiedenen Staatswerken mit bedeutenden Summen große Grund= complexe erworben, um dieselben zur Ansiedlung von Arbeitern zu ver= wenden. (In der Zeit von 1850 bis 1870 sind hierfür 605,300 Thaler aus Staatsmitteln verausgabt worden.)

Nicht überall konnte jedoch durch die genannten Begünstigungen die Lust zum Häuserbau in dem Maße erweckt werden, um die genügenden Kräfte in der Nähe der Arbeitspunkte anzusiedeln. In solchen Fällen hat der Staat auch selbst Häuser gebaut und die Wohnungen in denselben zu bil= ligen Miethspreisen vergeben. Im Allgemeinen werden die Vergünstigungen für Häuserbau nur verheiratheten Arbeitern gewährt. Um nun aber den Unverheiratheten und überhaupt solchen Arbeitern, welche in nahe gelegenen Häusern kein Unterkommen finden können, insbesondere den in größerer Entfernung angesessenen Arbeitern ebenfalls gerecht zu werden, ist die Ein= richtung von Schlafhäusern getroffen worden. Die Bergleute, welche von ihrer ferneren Heimath beim Beginn der Woche zur Grube kommen, können in diesen Schlafhäusern bis zum Sonnabend, wo sie wieder zurückkehren, bleiben, und finden dort nicht nur gegen geringe Vergütung Obdach und Schlafstätte für die Nacht, sondern auch gemeinschaftliche Versammlungs= zimmer für den Tag, Einrichtungen (Küchen), in welchen sie sich aus meist selbst mitgebrachten Lebensmitteln ihr Essen bereiten können, oder in welchen nach Art der eigentlichen Volksküchen gemeinschaftlich für sie gekocht wird. — Nach= dem diese Einrichtungen sich auf dem Gebiete der Bergwerksverwaltung in erfreulicher Weise bewährt haben, hat der Handelsminister Graf von Itzen= plitz neuerdings die Eisenbahnverwaltungen zur Erwägung der Frage veranlaßt, ob es sich nicht empfehle an den Orten, an welchen sich größere Eisenbahnwerkstätten befinden, zur Erhaltung eines tüchtigen Arbeiterstandes und zur Beseitigung des vielfach herrschenden Wohnungsmangels durch Ge= währung ähnlicher Unterstützungen den Arbeitern die Ansiedelungen in der Nähe der Werkstatt zu erleichtern."

Um an diese Erwägungen des preußischen Handelsministers anzuschließen, sei erwähnt, daß das, was er wünscht, hier und da, u. A. in Württemberg schon ausgeführt ist und sich trefflich bewährt. Die inhaltreiche illustrirte Zeitung „Ueber Land und Meer" veröffentlicht in Nr. 36 d. J. einen inter= essanten Aufsatz über die Einrichtungen und Anstalten zum Wohle der arbei= tenden Klassen und schildert darin nicht nur, sondern veranschaulicht zugleich durch zwei treffliche Zeichnungen die Quartiere für Bedienstete der Staats= Verkehrsanstalten in Stuttgart, Aalen und Wasseralfingen. Es wird aus= drücklich darin erwähnt, daß hauptsächlich die hohen Wohnungspreise Stutt= garts, welche in Verbindung mit der stetigen Vertheuerung sämmtlicher Lebens= mittel besonders drückend auf die niederen Staatsbediensteten wirken, den Staat zu der Anlage von Dienstwohnungen bewogen haben.

Es sind keineswegs nur Preußen und Württemberg allein, welche durch den Bau von Wohnungen für die Beamten und Arbeiter der fiscalischen Erwerbs= und Verkehrsanstalten der Wohnungsnoth entgegentreten, in Sachsen, in Bayern und Baden zc. geschieht dasselbe. Fast überall fühlt sich der Staat als Arbeitgeber hierzu verpflichtet, und er erwirbt sich damit warmen Dank und treue Anhänglichkeit seiner Arbeitnehmer.

Was der Staat als Arbeitsherr thut, kann er auch als Dienstherr thun. Der Staat nimmt von seinen Beamten ganz bestimmte Dienstleistungen an jedem Orte in Anspruch, in welchem er sie für nöthig hält, oder wo es „der Dienst" erheischt. Er bestimmt den Aufenthaltsort der Beamten ohne irgend welche Rücksicht auf deren persönliche Verhältnisse und Bedürfnisse. Selbstverständlich beeinträchtigt er ihre Interessen dadurch nicht selten aufs Empfindlichste. Wir erinnern hier u. A. an die fast unbeschreiblichen Cala= mitäten, in welche das Königreich Italien seine Beamten stürzte, als die Regierung von Turin nach Florenz verlegt wurde, ohne daß dort für Unter= kunft jener gesorgt war, und an die wo möglich noch größeren Calamitäten, als Rom zum Sitze der Centralbehörden gemacht wurde und die Beamten nun wieder dorthin wandern mußten, ohne zu wissen, wo und wie sie mit ihren Familien daselbst bleiben sollten.

Bedingt das Herkommen oder die gute Wahrnehmung der ganze Gebäude einnehmenden Dienstzweige, oder erheischen es gewisse Repräsentationsrücksich=

ten, so werden den Beamten Dienstwohnungen angewiesen. Das i
eine Jahrhunderte alte Einrichtung. Sie findet auch statt, wenn der Dien
an Stellen geleistet werden muß, wo absolut keine andere Wohnung vorhan
den ist, z. B. auf Eisenbahnstationen, Bergwerken, in Chausseehäusern, Forst
häusern ꝛc. Diese Naturalquartier=Leistung existirt in allen Staaten und i
allenthalben zu einem förmlichen System ausgebildet. Es bestehen eine Meng
Regeln und Vorschriften hierüber, die ausnahmslos ein humanes Interesse fü
die Wohnungnehmer bekunden. Die übrigens sehr niedrig veranschlagte
Werthe der Dienstwohnungen repräsentiren z. B. in Preußen schon recht an
sehnliche Summen.

Nach einer im königl. preußischen statistischen Bureau im Jahre 1867
für den Staat alten Bestandes aufgemachten, bisher nicht veröffentlichten
Zusammenstellung hatten, laut Ausweis des Specialetats, bei den einzelnen
Departements freie Dienstwohnungen höhere Beamte (a), Subalternbeamte und
Techniker (b), und Unterbeamte (c):

		Zahl der Beamten	Wohnungs= werth Thlr.
A. Ministerium des Königl. Hauses . . . a.		1	500
B. Verwaltung außerhalb der Ministerien . c.		2	100
C. Staatsministerium . . . . . . a.		1	1 000
" . . . . . . c.		2	100
D. Ministerium d. auswärtig. Angelegenheiten a.		4	6 000
E. Finanzministerium . . . . . . a.		3	2 000
" . . . . . . b.		359	36 300
" . . . . . . c.		2 223	64 000
F. Ministerium d. geistl. ꝛc. Angelegenheiten a.		1	1 000
G. " für Handel ꝛc. . . . . . a.		5	2 300
" " . . . . b.		9	1 000
" " . . . . c.		910	22 000
H. " des Innern . . . . a.		32	16 800
" " . . . . b.		355	21 500
" " . . . . c.		1 192	24 000
I. " der Justiz . . . . a.		22	13 600
" " . . . . b.		37	1 600
" " . . . . c.		460	13 800
K. " für d. landwirthsch. Angelegenh. a.		1	1 000
" " " b.		4	400

In ·Summa also:		Wohnungs= werth Thlr.	Wohnungs= durchschnitts= werth
Minister, Präsidenten, höhere Beamte .	70	44 200 Thlr.	631.4
Subalternbeamte und Techniker . . .	764	60 800	" 79.6
Unterbeamte	4 799	124 000	" 25.9
zusammen . . .	5 633	229 000	Thlr. 40.6

1866 waren Beamte bei den einzelnen Departements überhaupt vor=
handen.

	Zahl der Beamten	Gehalt excl. Emolumente Thlr.	incl. Emolumente Thlr.
A. Ministerium des Königl. Hauses .	36	61 856	73 000
B. Verwaltungen außerhalb der Mi= nisterien	238	150 195	153 600
C. Staatsministerium	59	66 050	67 900
D. Ministerium d. auswärtig. Angeleg.	228	628 873	671 000
E. Finanzministerium	13 874	5.510 648	5.878 000
F. Ministerium der geistlichen, Unter= richts= u. Medicinalangelegenheiten .	1 755	1.002 484	1.037 700
G. Ministerium für Handel, Gewerbe und öffentliche Arbeiten	29 249	8.361 718	8.575 500
H. Ministerium des Innern	8 363	3.877 800	4.049 800
I. Justizministerium	17 515	8.114 948	8.719 600
K. Ministerium für die landwirthschaft= lichen Angelegenheiten	449	354 270	374 100
Summa . .	71 766	28.128 842	29.600 200

Es sind also nicht weniger als ca. 8 % der Staatsbeamten so glücklich,
vom Staate Dienstwohnung zu empfangen.

Mit Rücksicht darauf, daß die gestiegenen Preise aller Lebensbedürfnisse eine
bedeutende Aufbesserung der Beamtengehalte erfordern und daß die vor Kur=
zem geschehene Erhöhung dieser Gehalte um 10—15 % weitaus unzureichend
war, den Beamten die Behauptung ihrer früheren Repräsentationsstellung
unter den übrigen Klassen der Bevölkerung möglich zu machen, geht man,
äußerem Vernehmen nach, in Preußen maßgebenden Orts mit der Absicht um,
den Civilbeamten in ähnlicher Weise Servisgelder zu ihren Gehalten zu ge=
währen, wie sie bei den Offizieren und Militärbeamten in Preußen und bei
verschiedenen Civilbeamten=Kategorien in Oesterreich ꝛc. schon längst eingeführt
sind*). „Servis" (Personalservis) ist die Geldvergütung, welche entweder

---

*) Der königl. preußische Finanzminister Camphausen hat in der Sitzung des
preußischen Abgeordnetenhauses vom 22. October d. J. bereits die Zusage der Servis=
verabreichung an die Staatsbeamten gegeben und den Betrag derselben auf 2,215,000
Thlr. beziffert. — Nachdem hierdurch das, was ein Gerücht war, und was wir als ein
solches kritisirten, feste Gestalt angenommen hat, möchten wir um keinen Preis dazu
beitragen, daß die von so vielen Beamten sehnsüchtig erwartete und ihnen sehr zu gön=
nende Wohnungsmieths=Beihülfe wieder rückgängig werde, allein das früher öffentlich
Ausgesprochene existirt und läßt sich nicht ungesprochen machen. Ist es falsch und
unausführbar, so wird es bekämpft und bei Seite geworfen werden; ist es richtig, gelangt
es zur Ausführung, so ist dem Beamtenstande mit dem dadurch begründeten bleibenden
Vortheile unendlich mehr gedient, als mit dem vorübergehenden einer Serviszulage.
Angesichts der jetzt in allen Staatskassen herrschenden Fluth könnte man möglicherweise
wohl auch das Eine thun, ohne das Andere zu lassen; es würde dann nur die
Form einer Gehaltszulage annehmen. Unser Vorschlag, den Beamten Naturalquartier

den Militärpersonen zur Selbstbeschaffung ihrer Wohnungsbedürfnisse für sich, und zwar den Offizieren und Militärbeamten gleichzeitig für ihre Burschen und resp. Diener (Selbstmiethe=Servis), oder den Quartiergebern für die Gewährung dieser Wohnungsbedürfnisse, gezahlt wird (Naturalquartier=Servis). Der Personalservis umfaßt nicht blos die Vergütung für den Wohngelaß nebst Zubehör sondern auch für das Mobiliar, das Heiz=, Koch= und Er= leuchtungsmaterial.

So dankbar die Absicht des Staats, den Beamten desselben durch baare Miethzins=Beihülfen unter die Arme greifen zu wollen, auch zu begrüßen ist, so vermögen wir doch deshalb nicht, sie als eine richtige anzuerkennen, weil der Wohnungsnoth der Beamten damit entschieden nicht gesteuert werden wird. Sie bricht weder das Baustellen=Monopol, noch beugt sie den Wohnungs= feudalismus. Eben so wie bei der letzten Gehaltsaufbesserung — in Berlin wenigstens — der ganze Betrag derselben von den gesteigerten Miethen ver= schlungen worden ist, eben so wenig werden die Servisgelder verfehlen, als= bald denselben Weg zu wandeln. Natürlich werden die Beamten nicht allein von dieser fortdauernden Steigerung heimgesucht; die übrigen Klassen der Bevölkerung werden gleichfalls davon betroffen. Allein wenn sie Handel= oder Gewerbtreibende irgend welcher Art sind, so schlagen sie die erhöhten Miethen als erhöhte Productionskosten auf ihre Waaren; die Beamten dagegen können ihre erhöhten Ausgaben auf Niemand abwälzen, sie müssen für thatsächlich mindere Bezahlung die nämlichen Dienste wie früher leisten: sie sind mit doppelten und dreifachen Ruthen gepeitscht. Neben den unerschwinglichen Miethen müssen sie auch noch alle übrigen Producte höher bezahlen, und dadurch, daß um sie herum Alles theurer wird, während ihre Einkünfte nur nominell die nämlichen bleiben, reell aber täglich geringer werden, werden sie gezwungen auf eine tiefere Stufe der socialen Leiter zu treten. Hierfür können und werden wir bei einer andern Gelegenheit die auf mehrjährige Haushaltsetats=Zahlen vieler Beamten gestützten Beweise beibringen.

Einem solchen tief beklagenswerthen, die Integrität des Beamtenstandes schädigenden und die Corruption desselben fördernden Ereignisse würde ent= gegengetreten werden, wenn der Staat seinen Beamten die Wohnung nicht in Geld, sondern in natura leistete. Was er bereits jetzt einigen unter ihnen erweist, kann er mit demselben Rechte allen erweisen. Gegen die Gewährung einer Miethzinsbeihülfe in Geld wäre die Naturalquartier=Leistung sogar ein bedeutender Gewinn für ihn.

Bleiben wir mit unserer Exemplification bei dem preußischen Staate alten Bestandes stehen, in welchem ca. 8 Procent der Civilbeamten Dienst= wohnung gegen einen Gehaltsabzug von 10 Procent in großen Städten, von

zu gewähren, stimmt, wie wir uns bei Schluß der Correctur des vorliegenden Bogens mit Freuden überzeugen, mit den Ansichten überein, welche der erste und bedeutendste deutsche Nationalökonom, W. Roscher, in seiner neuesten Abhandlung „Unsere Beamten= wohnungen; ein Beitrag zur Lösung der sogenannten Wohnungsfrage" (Nr. 44 „Im neuen Reich") ausgesprochen hat. Und wahrscheinlich ist es dessen gewichtige Stimme, welche vor wenig Tagen den königlich sächsischen Minister des Innern veranlaßte, in der II. Ständekammer zu Dresden die Erklärung abzugeben, daß der Staat, um der Wohnungsnoth vieler seiner Beamten wirksam abzuhelfen, zur Naturalquartier=Leistung schreiten müsse und werde.

nur 5 Procent in Mittel= und Kleinstädten und auf dem Lande haben. Bei der Servisgewährung wird der Staat den Zuschuß zum Gehalt sicher nicht höher als 10 Procent im Durchschnitt aller Gehalte bemessen. Das erfor= dert für die Beamtenzahl von 1867 eine jährliche Ausgabe von 2,812,884 Thalern, was nicht allzuviel von der Summe differirt die sich ergiebt, sobald man die Zahl der Beamten mit dem Durchschnittswerth der Wohnungen (40.$_6$ Thlr.) multiplicirt. Das Product ist 2,913,699 Thlr. In 10 Jahren hätte der Staat (ohne Rechnung der Zwischenzinsen der jährlich verausgabten Summen) mehr als 29 Millionen Thaler für Servis hingegeben, seine Be= amten würden aber sicher nicht um ein Titelchen besser, ruhiger und zufrie= dener wohnen, als jetzt. Wohl aber wäre dies der Fall, wenn der Staat das Capital jener Jahresausgabe in die Hand nähme und dafür im Laufe der Zeit so viel Häuser kaufte und baute, als für die Naturalquartier= Leistung nöthig sind. Bei einer Capitalisation mit 20 beläuft sich die erfor= derliche Summe für den Staat alten Bestandes auf 58 bis 60 Millionen Thlr., wovon ca. 4 ½ Million Thaler für Gebäude, in welchen bereits Dienst= wohnungen vorhanden und von Beamten bezogen sind, abgehen. In Groß= städten, wie Berlin, ist freilich das Wohnungsbedürfniß einer Beamtenfamilie nicht mit dem Gesammtdurchschnitt von 40.$_6$ Thlr. zu decken; doch wird hier auch keineswegs der jetzige Berliner Durchschnittswerth einer Wohnung von 171 Thlr. zu Grunde zu legen sein; auf einen Wohnungswerth von 100 Thlr. pro Familie und 20 Thlr. pro Kopf wird man sich aber gefaßt machen müssen. Beobachtet der Staat bei der Gesammtquartier=Leistung die näm= liche Billigkeit und Humanität, welche er jetzt in der Quartierleistung für die 8 Procent Begünstigten walten läßt, so würde vielleicht nicht einmal eine Ser= viszulage nöthig sein. Denn jeder Beamte fährt besser, wenn er von seinem jetzigen Einkommen künftig einen Abzug von 10 Procent für freies Quartier erleidet, als wenn er von dem durch das um 10 Procent vergrößerte, also nun aus 11 Zehnteln bestehende Einkommen 2, 3 und mehr Zehntel für Wohnung hergeben muß. Der Staat gewönne mithin bei unserem Vor= schlage noch die Zinsen von seinem Baucapital. Daneben bliebe ihm aber der bedeutende Vortheil des Werthzuwachses seiner Grundstücke, so daß er gar keine bessere Capitalanlage zu machen im Stande wäre. Wir würden es nur wirthschaftlich finden, wenn der Staat seine in Domänen bestehenden Ver= mögensobjecte zu jenem Zwecke veräußerte, indem für deren Erhaltung um so weniger eine zwingende Nothwendigkeit vorhanden ist, als gleichwerthige Objecte an ihre Stelle treten. Die Ausführung unsers Vorschlags kann nicht schwierig sein, da bei den bereits bestehenden Naturalquartier=Leistungen sowie bei dem Militärservis eine Menge praktischer Erfahrungen gemacht worden sein müssen, aus welchen Nutzen zu ziehen ist. Selbstverständlich wäre den Beamten Freiheit in der Wahl der Wohnung zu gestatten, und es müßten Normen darüber aufgestellt sein, bis zu welchem Betrage des Gehalts ihnen Quartierfreiheit zusteht. Für den überschießenden Theil wären sie dem Staate gegenüber Miether, der Staat ihnen gegenüber Vermiether. Am besten würden sich diese Miethsangelegenheiten durch Miethscommissionen regeln lassen, deren Einrichtung nicht wesentlich von derjenigen abzuweichen braucht, welcher wir später bei Besprechung der „Miether=Actiengesellschaft" noch gedenken werden.

4*

Niemand wird läugnen können, daß, wenn der Staat als Dienstherr so verführe, wie hier vorgeschlagen, wenn also in den Großstädten viele Tausende von Beamten aus der Concurrenz der Wohnungsuchenden treten, er sehr wirksam zur Abhülfe der Wohnungsnoth beitragen würde, ganz abgesehen davon, daß er seinen Beamten eine überaus große Wohlthat erweist, indem er ihnen die Obdachsicherheit, die Annehmlichkeit eines dauernden häuslichen Heerdes, mit einem Wort einer Wohnung giebt, die es sich verlohnt, behaglich einzurichten. Durch die Fürsorge für seine Beamten tritt der Staat dem Wohnungsfeudalismus überaus wirksam entgegen, und, da er als Besitzer großen, zu Baustellen geeigneten Areals, nicht mit in die Concurrenz um solches einzutreten braucht, schmälert er zugleich dem Baustellen=Monopol das Feld seiner Ausbeutung.*)

Zu den Vortheilen, welche aus der Naturalquartier=Leistung des Staats an seine Beamten und Arbeitnehmer entspringen, tritt noch einer von der allergrößten Bedeutung. Es ist das Beispiel, welches der Staat hierdurch den Communen giebt, so weit auch sie Dienstherren ihrer Beamten sind und welches er für die großen industriellen und commerciellen Erwerbsgesellschaften und Privatunternehmen aufstellt. Dies führt uns zunächst auf den zweiten Unterabschnitt, auf die Communalhülfe in der Wohnungsnoth.

B. Communalhülfe.

Wiederholt wurde darauf hingewiesen und betont, daß die moderne Wohnungsnoth in den beiden Großstädten Berlin und Wien am schärfsten auftrete und die beklagenswerthesten Zustände herbeigeführt habe. Angesichts dessen, ist es sicher von mehr als vorübergehendem Interesse zu erfahren, wie der Magistrat der größten und von der chronischen und acuten Wohnungsnoth am meisten leidenden deutschen Stadt, von Berlin, sich über dieselbe und seine Aufgabe bei dieser offenkundigen Calamität neuerdings äußerte. Eine frühere Aeußerung betreffs der Herstellung guter Communicationen wurde bereits mitgetheilt. Im Juli d. J., wo die öffentliche Meinung über die Wohnungsnoth starke Wellen schlug, fand sich der Magistrat, an dessen Spitze so eben erst die erprobte Kraft des Oberbürgermeisters Hobrecht, (früher in Breslau) getreten war, bewogen, der Stadtverordneten=Versammlung zu Berlin eine Vorlage zu machen, in welcher die Ueberlassung und Nutzbarmachung eines städtischen Areals vor den Thoren der Stadt zu Straßenanlagen, seitens der Commune, und zur Erbauung von Häusern und Wohnungen für kleine Leute, seitens einer gemeinnützigen, von Gewinn absehenden Baugesellschaft, beantragt wird, und er motivirt diese Anträge wie folgt:

„Durch den eigenen Bau von Wohnhäusern — die Herstellung von Wohnungen auf öffentliche Kosten — der Wohnungsnoth zu begegnen, ist

*) Seitdem obiger Vorschlag der Beschaffung von Beamtenwohnungen gemacht und durch die Presse in weitere Kreise getragen wurde, hat er neben mancher Anerkennung auch vielfache Angriffe, ja selbst Verspottungen erfahren. Bis jetzt haben die gegnerischen Ansichten noch keine haltbaren Einwendungen zu Tage gefördert; etwaige spätere werden wir nicht verabsäumen zu widerlegen oder zu entkräften oder anzuerkennen.

die Gemeinde außer Stande. Jeder Versuch eines solchen Eingreifens in die Verhältnisse würde sich schwer strafen. Er würde die Ansprüche ins Maß= lose steigern, die Unternehmungslust der Bauenden lähmen und den Einzelnen verleiten, sich von einer wirthschaftlichen Sorge befreit zu glauben, die zu= gleich einer der wirksamsten Hebel für unsere sittliche Entwickelung ist. Die Hindernisse und Erschwerungen aber, welche einer lebhaften und genügenden Entwickelung der Baulust zur Zeit entgegenstehen, können vom Staate oder von der Gemeinde nach mancher Richtung hin beseitigt oder doch vermindert werden, und um dieser Möglichkeit willen halten wir uns angesichts der gegenwärtigen großen Uebelstände für verpflichtet, mit diesen indirecten Mitteln der Abhülfe so energisch als möglich vorzugehen. Wir haben bereits unsere Bemühungen auf erhebliche Erleichterung der baupolizeilichen Vor= schriften in Ansehung des Baues von Wohnungen gerichtet und sind versichert, daß das königliche Polizei=Präsidium auf unsere Vorschläge wenigstens theil= weise eingehen werde. Was jedoch die rasche Ausdehnung der Bebauung in Berlin am meisten erschwert, ist der übermäßig gesteigerte Preis des Baugrundes. Die Bauplätze des engeren Ringes, welcher sich unmittelbar an die schon bebaute Fläche schließt, sind so theuer, daß auch bei der billigsten Bauart und den auf das Nothwendigste beschränkten Anforderungen an ihre Brauchbarkeit Wohnungen für den ärmeren Theil der Bevölkerung nicht mehr zu den Preisen hergestellt werden können, welche den sonstigen wirthschaftlichen Verhältnissen derselben entsprechen. Kann die Commune diesem in der Theuerung des Baugrundes liegenden Hindernisse der Grün= dung neuer Ansiedelungen entgegentreten und kann sie, ohne die Grenzen der ihr im öffentlichen Rechte angewiesenen Thätigkeit zu überschreiten, insbesondere also, ohne lähmend in die Privatspeculation einzugreifen oder sich selbst an einer Speculation zu betheiligen, dahin wirken, daß weitere Flächen mit geringerem Capitalaufwande für die Bebauung nutzbar werden, so wird sie hiermit am erfolgreichsten zu einer Besserung der bestehenden Zustände beitragen. Ein sehr wirksames Mittel zu diesem Zwecke ist der Commune in der Fürsorge für die Verkehrsstraßen gegeben. Manche ungünstige Verhältnisse haben dazu beigetragen, daß die Regulirung und Pflasterung der Straßen, besonders in den äußeren Vorstädten, hinter dem Bedürfnisse zurückblieben und daß dadurch die Baulust in diesen beeinträchtigt wurde. Wir versuchen, wie die Stadtverordneten=Versammlung aus einer Reihe neuerer Vorlagen ersieht, auf diesem Gebiete, soweit sich die Kräfte und Materialien irgend beschaffen lassen, energisch vorzugehen. Wohlderselben werden auch in der nächsten Zeit noch weitere Anträge auf Straßenpflasterungen zugehen. Die Möglichkeit einer noch directeren Förderung des vorgedachten Zweckes ist aber der Stadt durch die geeignete Verwerthung solchen städtischen Grundbesitzes gegeben, welcher voraussichtlich auch in Zukunft zu einer Verwendung für communale Zwecke keine Gelegenheit bietet. In diesem Sinne haben wir zunächst unsere Anträge gestellt.

Wie sehr dieses große Terrain, unmittelbar an dem schiffbaren Flusse und unweit der Verbindungsbahn gelegen, durchschnitten von der Görlitzer Eisenbahn und der Hauptstraße nach Köpenick, sich für die Bebauung eignet, brauchen wir nicht näher auszuführen, auch ist bereits aus dem Schoße der geehrten Versammlung darauf hingewiesen worden. Diese Lage und die Bodenbeschaffenheit allein reichen aber nicht aus, damit das Terrain sogleich als Bauland in größerem Umfange und zur Erreichung des vorgedachten Ziels einer Einwirkung auf die Wohnungsverhältnisse im Weichbilde der Stadt nutzbar gemacht werden könnte. Daß es zu diesem Zwecke vielmehr vor Allem erforderlich ist, für die Herstellung guter, bequemer und billiger Verbindungswege und Mittel für den Verkehr der neuen Ansiedelungen mit der Stadt zu sorgen, sowie die zum Aufschlusse von Bauplätzen nothwendigen Querstraßen innerhalb des Bauterrains selbst anzulegen und für dessen Entwässerung die erforderlichen Einrichtungen zu treffen, liegt auf der Hand. Die Anlage giebt ein vorläufiges Bild dessen, was in dieser Beziehung geschehen muß. Wir haben uns sowohl mit der Direction der Verbindungs= als auch der Görlitzer Bahn in Correspondenz gesetzt und dürfen von beiden auf ein Entgegenkommen rechnen, sofern wir ihnen das zur Einrichtung einer Haltestelle beziehungsweise einer Anschlußcurve erforder= liche Terrain hergeben. Was die sofort zu pflasternden, zu chaussirenden oder sonst zu befestigenden Wege betrifft, so nehmen wir auf die Beilage Bezug, die wenigstens einen ungefähren Anhalt gewährt, welcher für den Augenblick genügen dürfte. Wir würden aber fürchten, den Zweck der vorgeschlagenen Aufwendungen zu verfehlen, wenn wir einen Verkauf des Grund und Bodens, gleichviel ob in größeren oder kleineren Parcellen, ob im Wege der Licitation oder freihändig, nach einer Taxe in Aussicht nähmen. Wir würden nicht zu hindern im Stande sein, daß auch diese Bauflächen in den Kreis derselben Speculation hineingezogen würden, welche die hohen Preise des Baugrundes in unmittelbarer Nähe der Stadt normirt. Wir wissen, daß diese Speculation nicht zu tadeln, daß sie vielmehr nur der Ausdruck unabänderlicher wirthschaftlicher Gesetze ist. Aber wenn wir uns auch bei der Hingabe der städtischen Grundstücke nicht verleiten lassen wollen, die Wege zu verlassen, welche uns nach allgemeinen wirthschaftlichen Grund= sätzen angewiesen sind, so glauben wir doch unter den zulässigen Wegen grade den wählen und empfehlen zu müssen, welcher den Druck der augenblicklichen Spannung für die Obdachsuchenden am billigsten zu ver= theilen und die harten Consequenzen der jetzigen Uebergangszeit am meisten zu mildern verspricht. Wir glauben, daß dies der Weg der Verpachtung auf längere Zeit zum Zwecke und unter der Bedingung sofortiger Bebauung ist, für welchen auch der Umstand spricht, daß er das Bauen erleichtert, insofern die Capitalanlage für den Grund und Boden erspart wird. Dies Letztere erscheint insbesondere wichtig im Hinblick darauf, daß sich Genossen= schaften zur Beschaffung von Wohnhäusern aus den gewerbetreibenden Kreisen bereits mehrfach gebildet haben, während andere in der Vor= bereitung begriffen sind, und daß für diese die Durchführung ihrer Zwecke mit möglichst geringen Capitalanlagen ein wesentliches Moment gedeihlicher Entwickelung ist. Wir verkennen nicht, daß unser gegenwärtiger Vorschlag nach mancher Richtung hin einer vollständigeren Durcharbeitung und Begründung bedarf und daß eine Reihe wichtiger Punkte behufs seiner wirklichen Ausführung noch regulirt werden muß, wozu namentlich auch die Ordnung der ferneren geschäftlichen Behandlung der Angelegenheit gehören wird. Aber die Noth des Augenblicks zwingt zu raschem Handeln. Was wir vorgeschlagen haben, ist auf alle Fälle erforderlich und nimmt soviel Zeit in Anspruch, daß inzwischen eine Erörterung und Festsetzung des Fehlenden erfolgen kann. Dagegen würde jede weitere Thätigkeit unsererseits nutzlos sein, wenn die Stadtverordneten=Versammlung, was wir indessen nicht glauben befürchten zu müssen, im Prinzip sich gegen unsere Vorschläge erklären sollte, während das Bewußtsein, in dieser wich= tigen Angelegenheit über das Ziel der Bestrebung uns mit Wohlderselben im Einklang zu befinden, unseren Arbeiten eine feste und sichere Grundlage bieten wird. Wir bitten daher schließlich, diese Vorlage als eine dringliche zu behandeln, damit womöglich zum 1. October cr. wenigstens eine theilweise Verpachtung disponibler Grundstücke stattfinden könne.

Berlin, den 26. Juni 1872.

Magistrat hiesiger königl. Haupt= und Residenzstadt.

gez. Hobrecht."

So der Magistrat. Die Stadtverordneten theilten diese Ansichten keines= wegs. Indem sie durch Erhebung formeller Bedenken rasche Entschlüsse ver= eitelten, und, mehr oder weniger offen, hinter jenen Bedenken auch ihrer materiell dissentirenden Meinung Ausdruck gaben, brachten sie es dahin, daß bis jetzt seitens der Berliner Gemeinde betreffs der Wohnungsfrage nichts geschehen ist. Aus diesem Factum geht hervor, daß die Auffassung der Ge= meindepflichten in der Wohnungsfrage seitens des dauernden und executiven Verwaltungskörpers jener Gemeinde eine andere ist, als die der in den Stadtverordneten vertretenen Bürgerschaft. Ob und wie sehr, ganz unwill= kürlich und unbewußt, die verschiedenen Selbstinteressen auf diese Verschieden= heit der Meinungen influiren, entzieht sich der Beurtheilung. —

Magistrat und Stadtverordnete zu Halle handelten einmüthiger und rascher, und dort ist schon im Sommer die Erbauung von 40 Wohnhäusern für kleine Leute auf Kosten der Commune in Angriff genommen worden. —

Ein vollständiges Programm der Communalhülfe ist es, welches der Magistrat in Berlin aufstellt. Mit vollem Rechte beschäftigt es sich haupt= sächlich mit der Wohnungsnoth der kleinen Leute, der unvermögenden Klassen der Stadtbevölkerung. Drei Mittel der Abhülfe faßt es vorzugsweise in's Auge, wovon zwei mit den vielfach von uns betonten übereinstimmen: Ein= schränkung der Nachtheile des Baustellen = Monopols und Hinwirkung auf Wohnungssicherheit. Das dritte Mittel, die gute und häufige Verbindung der fernen Wohnungs=Colonien mit der Stadt ist eine nothwendige Conse= quenz des Umstandes, daß die als Baustellen zu verwerthenden Ländereien des Magistrats etwa eine Meile von Berlin entfernt liegen. — Nicht minder richtig ist es, wenn der Magistrat von Berlin sagt, daß die Com= munen durch Herstellungen von Wohnungen auf öffentliche Kosten in diese Calamität nicht eingreifen könn·n, ohne letztere noch weiter zu verschärfen.

Es ist in der That mehr als ein Irrthum, von den Gemeinden zu verlangen, daß sie ihren von Wohnungsnoth heimgesuchten Angehörigen an= gemessene Wohnungen verschaffen sollen; sie vermögen es nicht, und könnten sie es und thäten es, so würden sie nie genug Wohnungen bauen können, weil der Zuzug der schlechtesten Elemente gewiß nicht lange auf sich warten lassen und sie am ersten in Beschlag nehmen würde.

Im Königreich Sachsen ist es ein von den tüchtigsten Verwaltungsmännern erprobter Erfahrungssatz, daß in den Orten, wo Armenhäuser gebaut wurden, die „Armen" wie Pilze nach einem warmen Sommerregen aus der Erde sproßten, wogegen die Armen=Arbeitshäuser sich keiner solchen Sympathie bei jenen „Armen" erfreuten.

Trotz jenes Programms des Magistrats ist es in Berlin betreffs der Wohnungsnoth=Abhülfe bis jetzt noch zu nichts gekommen. Weil viele Personen der hohen Miethspreise wegen Berlin verlassen mußten und der besonnenere Theil des Zuzugs deshalb mit der Ausführung seines Vorhabens noch zögert, glaubt man, die Wohnungsnoth sei vorüber. Dieser Ansicht huldigen auch viele Stadtverordneten, welche durch wiederholte Verschiebung der Fassung eines definitiven Beschlusses der ganzen Angelegenheit gern aus dem Wege gehen möchten. Daß sie dadurch den für das Wohl der Stadt eifrig besorgten und von humanster Gesinnung erfüllten Oberbürgermeister so tief kränkten, daß er sich die Frage vorlegen mußte, ob er angesichts solcher Behandlung einer so ernsten, tief in das öffentliche Wohl einschneidenden Sache noch mit Aussicht auf günstigen Erfolg künftig sein Amt werde verwalten können, sei hier nur beiläufig erwähnt, um die Weite der Meinungsverschiedenheit zu kennzeichnen. Und doch muß man sagen, daß nicht der eine Theil Recht und der andere Unrecht hat, sondern daß beide Recht und beide Unrecht haben. Recht die Stadtverordneten, wenn sie die Wohnungsnoth für ein chronisches Uebel ansehen, dem durch directes öffentliches Eingreifen nicht abzuhelfen sei; ebenso Recht der Magistrat, wenn er sie für ein acutes Leiden ansieht, dem in gleicher Weise und zwar durch Mithülfe der Gemeinde, abgeholfen werden müsse, wie seiner Zeit der Staat dem ostpreußischen Nothstand mit seinen Mitteln und Kräften abzuhelfen bemüht gewesen sei.

Dagegen sind die Mittel, welche der Magistrat zur Beseitigung der acuten Noth vorschlägt, zu weit aussehend, zu spät in Wirksamkeit tretend, als daß sie rasch Hülfe bringen könnten; sie sind besten Falls geeignet, die chronische Noth beseitigen zu helfen. Ob für letzteren Zweck aber der dem Magistrat von einigen angesehenen Bürgern Berlins unterbreitete Arealüberlassungs= oder Verkaufsantrag, trotz des Rufs ihrer Uneigennützigkeit, schon reif war, darüber läßt sich allerdings streiten, und die zuwartende Stellung des einen Factors der städtischen Behörden muß unter solchen Umständen milder beurtheilt werden, als es von vielen Seiten geschehen ist. —

Wir sehen also auch die Verwaltung großer Communen ziemlich machtlos gegenüber der Wohnungsnoth, hervorgehend aus einem fast sich überstürzenden Anwachsen der großen Städte. Es durch directe Maßregeln zu hemmen, ist unmöglich; das eigene Correctiv des Uebels muß zur Wirkung kommen.

Bei dem Zusammendrängen so vieler Menschen in den großen Städten leiden die öffentliche Gesundheit, die Sittlichkeit, die Sicherheit der Person und des Eigenthums zusehends mehr und mehr Schaden. Die betreffenden Städte können sich in Folge dessen der Nothwendigkeit eines enormen An=

wachsens ihrer Ausgaben für die Polizei, für die Gesundheitspflege, für den Verkehr, für die Ent= und Bewässerung ꝛc. weder verschließen, noch entziehen. Sie können, so lange der Zudrang stattfindet, auch nicht daran denken, durch Contrahirung von Schulden der Zukunft die Opfer aufzuerlegen, welche die Gegenwart erheischt, denn diese Opfer wachsen mit dem Zudrange. Der ganze Bedarf für jene unerläßlichen Einrichtungen muß jährlich aufgebracht werden, nicht aber durch Besteuerung der nothwendigsten Lebensmittel, sondern durch directe Steuern wobei von einer Verschonung der sogenannten unbe= mittelten Klassen, aus welchen sich der Zuzug vorzugsweise recrutirt und welche zu der Theuerung und Unbehaglichkeit des Aufenthalts in großen Städten ihren vollen Theil beitragen, nicht die Rede sein darf. Alle Die= jenigen, welche dahin ziehen, müssen wissen, welche Lasten ihrer dort harren und welche sie dauernd auf ihre Schultern zu nehmen haben. Die Hinnahme und Vertheilung der selbstgeschaffenen Consequenzen auf alle Schultern — das ist (nach Reuning's trefflicher Ausführung in Nro. 292 der Wiener „Deutschen Zeitung" d. J.) das Correctiv des ungesunden Zudrangs nach den Großstädten.

Nicht in die Kategorie der mehr schädlichen als nützlichen Mittel der Abhülfe der Wohnungsnoth, gehören diejenigen, welche die Communen als Dienst= und Arbeitsherrschaften, gegenüber ihren Beamten und Arbeitnehmern zu ergreifen vermögen. Nach unserem Dafürhalten hindert die Communen der Großstädte nichts, das, was schon einer großen Anzahl ihrer Beamten gegenüber stattfindet, allmählich auf sämmtliche Beamte auszudehnen. Die Communen müßten gleichfalls sich nach und nach in den Besitz von Wohn= gebäuden setzen, oder solche erbauen; und sie würden sicher die nämlichen Vortheile wie der Staat aus den analogen Maßregeln haben. Hierdurch schiede ein zweiter ansehnlicher Bruchtheil der Bevölkerung der Großstädte aus der Concurrenz der Wohnungsuchenden nnd der durch ihr Suchen die Woh= nungspreise Steigernden aus. Was der Staat, was die Communen in den Großstädten der Wohnungs= noth thun, um ihre Beamten und Arbeitnehmer vor dem Nachtheil einer stetigen Verminderung ihres Diensteinkommens durch fortwährende Mieths= steigerungen an den Orten ihres durch den Dienst vorgeschriebenen Aufenthalts zu schützen, das können sie dann von den großen Erwerbscor= porationen und Privatunternehmern fordern, wenn nicht das eigene Interesse letztere dazu zwingt, der Forderung zuvorzukommen. Das Forderungsrecht der Communen beruht auf einem sehr haltbaren Grunde.

Es liegt in der Natur der Dinge, daß die in den Großstädten intensiv betriebenen Fabrik=, Handels= und Verkehrsgewerbe vorzugsweise der Magnet für die näher oder entfernter liegende Bevölkerung sind. Soweit dieser Magnet nicht aus eigener Kraft wirkt, wird er von den Unternehmern jener Gewerbe verstärkt, weil sie ein sehr natürliches Interesse dabei haben, daß das Angebot der Arbeitskräfte stets ein reichliches sei. Geschieht nun der Zuzug auf ihre directe oder indirecte Veranlassung und haben sie den Haupt= vortheil davon; ist es sattsam erwiesen, daß gerade der massenhafte Zuzug eine der reichlichsten Quellen der Wohnungsnoth in allen ihren Gestalten ist und daß sich diese Noth keineswegs nur auf die Zuziehenden allein beschränkt, sondern, gleichsam epidemisch, über die schon längst in den Großstädten Wohnenden und wiederum nicht blos über die Arbeitnehmer jener Gewerbe, sondern über alle Klassen der Bevölkerung verbreitet: so will es uns scheinen, als habe jede Commune das Recht, von jenen Arbeitgebern zu fordern, daß sie wenigstens für den Stamm ihrer Arbeitnehmerschaft die Wohnungssorge übernehmen und nicht auf die Communen abwälzen; d. h., daß sie für ihre (der Arbeitgeber) Rechnung Wohnhäuser kaufen oder erbauen, gute und gesunde Wohnungen für ihre Arbeitnehmer in genügender Zahl einrichten und diese Wohnungen letzteren zu Preisen vermiethen, welche sie mit denselben vereinbaren.

Bei Durchführung dieses Grundsatzes würden z. B. in Berlin mehr als 30,000 Familien von Arbeitnehmern der Wohnungsnoth, der Wohnungsunsicherheit und dem Wohnungsfeudalismus entrissen werden.

Wir sagten oben, daß wahrscheinlich das Selbstinteresse die Arbeitgeber zum Vorgehen in dieser Richtung treiben werde. So ist es. Die Bewegung ist bereits im Gange; sie wird sobald auch nicht wieder in Stillstand kommen. Allerdings sind es nur erst die humanen Arbeitgeber, welche sich das Opfer einer von der Ausführung jener Absichten erforderten, sehr bedeutenden Capitalanlage auferlegen; letztere beträgt (die Baustelle ungerechnet) pro Arbeiterfamilie von 5 Personen mit einem Wohnraum von 5= bis 600 Quadratfuß mindestens 12= bis 1500 Thaler. Die weniger Humanen gedenken schon aus Dem, was Andere thun, Vortheil für sich mitzuziehen, weil ja, ganz richtig, jede Abnahme der Wohnungsuchenden vermindernd auf die Wohnungspreise einwirkt. Allein jede Commune sollte und müßte unbedingt ein Zwangsrecht auf dergleichen Pflichtsäumige zu üben im Stande sein, das äußersten Falls bis zur Schließung der betreffenden Fabriken reicht.

So viel über die Mittel des Staats, der Gemeinden und Corporationen zur Abhülfe der Wohnungsnoth. Die wirksamsten involviren allerdings nach der herrschenden nationalökonomischen Auffassung einen Rückschritt von der Geld= zur Naturalwirthschaft. Indeß wenn der sociale Fortschritt mit einem wissenschaftlichen Rückschritt erkauft werden könnte und müßte, so würden wir uns darüber um so weniger grämen, als das, was wirklich ein socialer Fortschritt ist, in Wahrheit wissenschaftlicher Rückschritt gar nicht sein kann.

Noch bleibt ein letztes Capitel zur Besprechung übrig: Die Mittel der Selbsthülfe zur Bekämpfung und Beseitigung der Wohnungsnoth.

C. Selbsthülfe.

Der Gebrauch der Selbsthülfe in der Wohnungsnoth bedarf einiger vorausgehender Erklärungen, denn kaum erleidet ein Wort mehr Mißbrauch und wird in verschiedenerem Sinne angewendet, als das Wort „Selbsthülfe". Nur das Wort „Selbstverwaltung" könnte darin allenfalls mit ihm concurriren.

Wer bedarf denn der Hülfe? Offenbar die Wohnenden und zwar die zur Miethe Wohnenden. Ihre Wohnungen sind zu theuer, für theueres Geld nicht einmal gut und endlich sind sie unsicher in dem bisher viel gebrauchten

urſachen dieſer Uebel wurden das Bauſtellen=Monopol und
ẛismus erkannt. Wenn nun die Selbſthülfe dahin ver=
ẛ jeder Einzelne durch eigene Kraft und auf eigene
ir ſich ſelbſt von dieſen Uebeln befreien ſoll, ſo iſt ſie
Theil der von Wohnungsnoth Heimgeſuchten eine abſolute
einzelne Leidende kann ſich nur im Verein mit anderen
helfen. Ließe er Letztere oder Andere es für ſich thun,
die Hände in den Schoß legt und jenen wohl gar die
oortlichkeit der ihm nöthigen Hülfe zuſchiebt, dann wäre
ſthülfe keine Rede mehr. Wofern er aber ſeine Kräfte mit
oenden vereint und ſie alle gemeinſchaftlich die Verant=
e Handlungen übernehmen und tragen — dann iſt das
ẛlfe, und zwar die ächte, große und wahre genoſſen=
hülfe. Von dieſer Hülfe iſt und kann im vorliegenden
ẛede ſein.

egt ſich das Meiſte, was in der Literatur, in mündlichen
die Mittel zur Abhülfe der Wohnungsnoth geſchrieben
oen iſt, auf dem Gebiete der Selbſthülfe, und eben ſo
ẛusführung gebrachter Maßregeln, ſo z. B. die Gründung
ften, Baubanken, Verbindungsbahnen, ihr mehr oder weniger
ẛ. Allein wie hoch die Selbſthülfe auch zu ſchätzen, wie
ẛu erwarten ſei, ſo ſpricht ſchon die Thatſache, daß, trotz
ẛ längerer Wirkſamkeit der Selbſthülfe die Wohnungsnoth
nger, ſondern allenthalben viel intenſiver geworden iſt und
iſe umfaßt, gegen die Zulänglichkeit derſelben zur Be=
ẛng einer der gefahrvollſten ſocialen Krankheiten unſerer
ẛtet wäre es thöricht, wollte ſie die Hände in den Schoß
ẛ ganze Ungemach in ſtiller Ergebung in das Unvermeidliche
ẛaſſen. Die Selbſthülfe wird nach wie vor das ſtärkſte
ẛeiter zur Bekämpfung des Feindes, der Wohnungsnoth,

haben ſich vielleicht die bisherigen Beſtrebungen der Selbſt=
und zwar den der Nichtberückſichtigung des Princips der
ẛſt man die Proſpecte der Baugenoſſenſchaften, Bau=Actien=
nken ꝛc. durch, ſo nehmen ſich dieſe Schöpfungen faſt ohne Aus=
ẛ aller einzelnen Formen der Wohnungsnoth vor: die Verwohl=
ẛlen, die Erbauung von Familienhäuſern und Zinshäuſern,
Villencolonien im Stadtring mit dem Stadtcentrum, die
ẛngsweſens vom ſanitätiſchen Standpunkte, die Erlöſung
ẛm Wohnungsfeudalismus, die Erhebung der Miether zu

ẛtet ſein, einige Leiſtungen und Pläne der Selbſthülfe mit
ẛetrachten.
die Baugenoſſenſchaften und Baugeſellſchaften anlangt, ſo
jetzt aller Orten ſolche, ſondern es exiſtiren deren auch
ẛährigem Alter, die freilich mehr dem Wohlwollen Ver=
zuſammengeballten Kraft der Unvermögenden entſproſſen

sind. Zu jenen gehört unter Anderen die schon 1847 gegründete Berliner gemeinnützige Baugesellschaft. Auch die Alexandra=Stiftung, ferner die 1860 ins Leben getretene Frankfurter gemeinnützige Baugesellschaft u. A. sind von vermögenden Humanisten mit dem ersten nothwendigen Fundirungscapital ver= sehen worden; sie haben es niemals über eine verhältnißmäßig geringe Aus= breitung gebracht und sind selbstverständlich nur zur Linderung der Wohnungs= noth der arbeitenden Klassen und kleinen Leute bestimmt. So besitzt z. B. die Berliner Baugesellschaft jetzt 20 Häuser, in welchen in 222 Quartieren 963 Personen wohnen. In den Gesellschaftshäusern der Alexandra=Stiftung wohnen 591 Personen. Die Gesellschaftshäuser der Frankfurter gemeinnützigen Baugesellschaft bargen 1871 (nach dem 11. Jahresberichte) 876 Personen in 15 Häusern und 32 Häuschen mit zusammen 161 Wohnungen.

Die neueren baugenossenschaftlichen Unternehmungen gehen meist darauf hinaus, kleinere Wohngebäude nur für eine Familie herzustellen und die Verkaufsbedingungen so zu ordnen, daß Verzinsung und Amortisation nicht erheblich mehr als, bei gewöhnlicher Vermiethung, der Miethzins allein be= trägt. Für das kleine Opfer einer Mehrausgabe auf eine im Voraus be= stimmte Reihe von Jahren wird der Miether Eigenthümer seines Grundstücks. Mit einem Wort: die Miether zu Hauseigenthümern machen, das ist gegen= wärtig noch immer Tendenz sowohl der Actien=Baugesellschaften, als auch der Baugenossenschaften. Dieses Princip ist begreiflicherweise in den inneren und bebauten Theilen der deutschen Großstädte nicht oder nicht mehr durchzu= führen, indem daselbst das Wohnen in vertikaler Ebene (wobei eine Familie ein schmales Haus vom Keller bis zum Dach allein bewohnt) deutschen Ge= wohnheiten zuwiderläuft. Unsere Wohnungen breiten sich in horizontaler Ebene aus, alle Wohnräume der Familie — mit Inbegriff der Küche — liegen auf einem Flur. Um die Grundfläche bestens auszunutzen, werden 2 bis 6 Etagen über einander gebaut, sämmtliche Etagen aber von einem Hausflur, von einer Treppe aus zugänglich gemacht. Daraus entsteht die Berliner „Miethscaserne" oder das Wiener „Zinshaus". Jene Gemeinsamkeit der einen und die Abgesondertheit der andern Räume einer solchen Mieths= caserne macht es geradezu unmöglich, daß darin jede Familie Hauseigen= thümerin ihrer Wohnung werde. Nur in Schottland findet sich das Institut der flat-propriety, welches in Deutschland, auf den Vorschlag des königl. Landbaumeisters C. W. Hoffmann (Sohn des Staatsrathes und Statistikers J. G. Hoffmann), die Berliner gemeinnützige Baugesellschaft gleichfalls ein= führen wollte, jedoch ohne Erfolg.

Gegen den Strom der Gewohnheit läßt sich nicht schwimmen. Wenn es eine Wohlthat ist, als eigener Herr im eigenen Hause zu wohnen, so kann die Mehrzahl Derjenigen, welche ihrer theilhaftig werden wollen, in Städten mit Zinshäusern sie sich nur auf neuen wohlfeilen Baugründen verschaffen. Dergleichen sind allenfalls noch weit entfernt von den geschäftlichen Mittel= punkten der betreffenden Städte vorhanden; in unmittelbarer Nähe derselben hat die Baustellen=Speculation bereits Alles an sich gebracht und verkauft es zu theuren Preisen. Familienhaus und Stadtnähe sind demnach für die Mehrzahl der Städtebewohner unvereinbare Begriffe. Nur sehr Wohlhabende können sich solchem Luxus hingeben und ihn sich auf die Dauer gestatten.

Der Wunsch nach Grundeigenthum, nach dem Besitz eines eigenen Fa=
milienhauses mit kleinem Garten ist gleichwohl ein so allgemeiner, das Streben
darnach in jedem Einzelnen ein so tief gewurzeltes, daß fast sämmtliche neu=
entstandene Actien= und genossenschaftliche Bauvereine es zur Basis ihrer
Unternehmungen machten. Und da, wo man die großen Arbeitgeber für den
Bau von Arbeiterwohnungen zu gewinnen suchte, schilderte man gleichfalls
mit den schönsten Farben die Vortheile, welche ersterem aus einem angesessenen
Arbeiterstande erwachsen würden. So sind denn allenthalben solche Arbeiter=
colonien zu Stande gekommen. Allein das System, die Arbeiter auf dem
Grund und Boden der Fabriken zu Eigenthümern zu machen, hat sich nur
in seltenen Fällen bewährt. Was geschah sehr häufig, wenn der Arbeiter
Eigenthümer geworden war? Er entsagte der Arbeit und wurde Miethsherr,
oder er benutzte eine vortheilhafte Gelegenheit zum Hausverkauf und verließ
es mit einem ansehnlichen Geldgewinn in der Tasche. Hierdurch entstanden
eine Menge Eigenthums=Exclaven um die Fabrik herum, die sich allmählich
mit Bewohnern füllten, welche zu ihr, die jene Wohnungen mit eigenen
Opfern gegründet hatte, in gar keiner Beziehung standen. Die Arbeiter der
Fabrik aber mußten ihr Unterkommen nun doch wieder weit entfernt von der=
selben suchen, wenn die Fabrikeigenthümer es nicht vorzogen, jene, in
anderen Besitz übergegangenen Häuser zu hohen Preisen wieder zu erwerben.
In der Mehrzahl der Fälle dürfte daher die Erbauung solcher Arbeiter=
Wohnhäuser auf Fabrikgrund und Boden, die in das Eigenthum der Arbeiter
übergehen sollen, seitens der Fabrikbesitzer oder Arbeitgeber ein überwundener
Standpunkt sein. Und nicht blos seitens dieser. Nicht wenige gemeinnützige
Vereine, die Aehnliches zu Gunsten sogenannter kleinen Leute thaten, haben
ganz ähnliche Erfahrungen gemacht, die nämlich, daß jene kleinen Leute, in
Wahrnehmung der Grundbesitzhausse und mittelst Verkaufs ihrer ursprünglich
durch das Geld von Humanisten erbauten Häuser zu hohen Preisen, ganz
wohlhabende Leute geworden sind.

Wohl Niemand wird solchen mit fremder Hülfe zu Eigenthümern ge=
wordenen und zu Vermögen gelangten kleinen Arbeitern und kleinen Leuten
diesen wirthschaftlichen Erfolg mißgönnen; es spiegelt sich nur in der That=
sache selbst der ökonomische Fehler ab, welcher darin besteht, daß Jemand ein
Stück Monopol aus der Hand giebt, in der Meinung, daß der neue Mono=
polsbetheiligte daraus keinen Monopolsnutzen ziehen werde. Und hieraus
dürfte gleichzeitig die richtige Lehre hervorgehen, daß der Wohnungsnoth ungleich
wirksamer auf dem Wege des gemeinschaftlichen, als des Einzeleigenthums,
dauernd begegnet werden kann.

Hiermit sind wir bei der wichtigsten Wirkungssphäre der Selbsthülfe in der
modernen Wohnungsnoth angelangt. Zur Genüge ist es erwiesen worden,
daß sie hauptsächlich in dem Wohnungsfeudalismus ihre Ursache habe, daß
diese die Miethstyrannei erzeuge, die nicht allein in einer buchstäblichen
Knechtung der Miether durch abscheuliche Miethsverträge besteht, sondern auch
durch die Unsicherheit der Wohnungsinnehabung, und durch unablässiges Steigern
selbst bemittelte Miether zur Verzweiflung bringt. Hiergegen ist Front zu
machen, mit dem Wohnungsfeudalismus ist der Kampf aufzunehmen; d. h.
aber nichts Anderes: das gewerbmäßige Hausbesitzer= und Vermietherthum ist

thunlichst zu beseitigen. Weder der Staat noch die Communen, können hierbei etwas
helfen, diese große Aufgabe fällt lediglich der Selbsthülfe anheim. Groß
nennen wir die Aufgabe, weil sie in ihrer äußersten Consequenz darauf hinaus=
kommt, nichts Geringeres verlangt, als daß sämmtliche Miethswohner der
Häuser einer Stadt die Eigenthümer der Häuser, in welchen sie wohnen,
werden und bleiben. Obgleich es mit der Erreichung dieses letzten Zieles
noch gute Wege hat, so ist doch eine Anregung zu solcher Selbsthülfe bereits
gegeben.

Schon im Jahre 1870 veröffentlichte der Redacteur der deutschen
Gemeindezeitung Dr. Stolp in seinem Blatt den Statutenentwurf für eine
„Berliner Wohnungs=Actien=Genossenschaft", deren Wesen darin bestehen sollte,
„daß sie für ihre Mitglieder Wohnungshäuser und Grundstücke erwirbt oder
einrichtet, in welcher der Gesammtheit derselben das dingliche Recht der
Veräußerung, Verschuldung und Verlehnung oder Vermiethung verbleibt,
dagegen jedem einzelnen Mitgliede das persönliche Recht des ausschließlichen
und dauernden freien Gebrauchs (gegen eine verhältnißmäßige Entschädigung
oder Miethe), wie im Interesse der Familien auch der unbeschwerten Ueber=
tragung auf deren nächste Angehörige zusteht". So wenigstens definirt Stolp
das Wesen der Genossenschaft in seinem gleichzeitigen Aufsatze „Die Woh=
nungsfrage und ihre praktische Lösung" im IV. Jahrgang des städtischen Jahr=
buchs für Volkswirthschaft und Statistik, Berlin 1870. Eine sehr bedeutungs=
volle Bestimmung des Entwurfs ist noch die, daß die Mitglieder der
Genossenschaft des herrschenden Mißstands der fortgesetzten, willkürlichen,
unberechenbaren und unberechtigten Steigerung der Miethen gänzlich enthoben
sein sollen, weil die Genossenschaft bei der Normirung ihrer Gesammtmieths=
preise von vorn herein darauf bedacht sein würde, durch dieselben nach und
nach sowohl die Verzinsung und Tilgung ihres Schuldcapitals herbeizuführen,
als auch die jährlichen Verwaltungs=, Unterhaltungs= und schließlichen Er=
neuerungskosten ihrer Gebäude in ausreichender Weise sicher zu stellen. Die
Gesellschaft werde demnach nicht nur die Miethen nicht zu steigern nöthig
haben, sondern mit der fortschreitenden Tilgung ihres Schuldcapitals vielmehr
dieselben allmählich herabzusetzen im Stande sein.

Es würde zu weit führen, den vollen Wortlaut der Statuten des Stolp'=
schen Projects hier wieder zu geben; nicht unerwähnt ist aber zu lassen, daß
dasselbe bis jetzt noch nicht zu Stande gekommen ist und — nach unserem
Dafürhalten — auch nicht zu Stande kommen kann. Der Verfasser geht
über den Kernpunkt, wie das Capital zur Erwerbung der Häuser angeschafft
werden soll, viel zu leicht hinweg. Sollte er glauben, sie mit Actien der
neuen Genossenschaft kaufen zu können, so würde das beweisen, daß er von
dem Geschäftsleben eine sehr falsche Vorstellung hat. Das kann zufällig mit
ein oder zwei Häusern gelingen, mit vielen nimmermehr. Und es bedarf
vieler Häuser, vieler Wohnungen, um die bemittelten Miether der Großstädte
jener schlimmsten Phase der Wohnungsnoth, der Unsicherheit in Verbleib ihrer
Wohnungen, zu entreißen. Soll ein derartiges Unternehmen Anklang auf
dem großen Geldmarkt, d. h. auf den Börsen finden (deren Hülfe man sicher
nicht entbehren kann), so muß es auch für die Börsen schmackhaft gemacht
werden.

Man erwäge nur, welche Summen eine Reform erfordert, die darauf hinausläuft, selbst nur einen kleinen Theil der Miether einer Stadt wie Berlin zu Eigenthümern der Häuser zu machen, in welchen sie wohnen, damit ihnen hierdurch die Wohlthat gesicherter unkündbarer Wohnungen und Geschäftslocalitäten zu Theil werde. Nach der im I. Abschnitt gegebenen Statistik vom Ostertermin des Jahres 1872 belief sich der Miethswerth der 173,003 Wohnungen der Stadt auf 29,619,261 Thlr. was bei 20facher Capitalisation einem in den Gebäuden angelegten Capital von 592,385,220 Thlr. gleichkommt. Hiernach wären, um nur etwa dem dreißigsten Theil der Miether jene Wohlthat zugänglich zu machen, für ca. 20 Millionen Thlr. Häuser erforderlich. Sicher wird nicht das ganze Gebäudecapital gebraucht; denn solide Actiengesellschaften werden eben so gut Hypothekengläubiger finden, als die Privaten, die ja im Durchschnitt nur zu ⅕ Eigenthümer ihres Besitzes sind. Allein ohne mindestens 10 bis 15 Procent Anzahlung ist doch kein Haus zu erwerben. Selbst diese äußerst mäßige Anzahlung erfordert schon sehr große Mittel, wenn das Unternehmen Anspruch darauf machen will, eine Abhülfe der Wohnungsnoth zu sein.

Das Stolp'sche oder jedes andere gleichlautende Project eignet sich (so will es uns scheinen) überhaupt nicht zur generellen Ausführung, sondern nur zur partiellen, und auch hier nur mit den allerwesentlichsten Modificationen, so daß von dem sehr löblichen und edlen Grundgedanken nicht viel übrig bleibt. Wir wollen später einen andern Weg andeuten, um, wenn auch nicht das volle Ziel, wenigstens einen Theil desselben zu erreichen.

Um noch das Project von Schulze=Delitzsch hier zu erwähnen, so ist uns ein Statut der von ihm in seinen Vorträgen über die Woh= nungsnoth angedeuteten und angeregten Genossenschaft noch nicht zu Gesicht gekommen. Auch der von ihm veröffentlichte „Prospect zu den vorläufigen Zeichnungen der zu gründenden Actiengesellschaft" vom August 1872 enthält ein solches nicht. Selbstverständlich läßt sich nur daraus erst ein endgültiges Urtheil über die Ausführbarkeit oder Nichtausführbarkeit der Vorschläge des bewährten genossenschaftlichen Anwalts ableiten. Sei es nun aber, daß er diese Vorschläge in seinem Vortrag sowie in eben genannter Schrift nicht deutlich genug entwickelte: wir wissen uns das juristische und dauernde Verhältniß zwischen einer Unternehmer= oder Capitalgenossenschaft (die also Hausbesitzerin und Vermietherin sein würde) und einer Personalgenossen= schaft (die Mietherin sein würde) nicht recht zu denken. Noch weniger vermögen wir — ohne weitere Aufklärung — einzusehen, wie durch die Verwandlung der Hauseigenthümer oder Vermiether und der Miether in je eine Genossenschaft, die aus einem Monopolbesitz der ersteren entspringende begünstigte Situation zu Gunsten der letzteren verändert werden sollte. Das praktische Leben und die tägliche Erfahrung lehren etwas Anderes. Wer gut, gesund und ungestört wohnen will, der kauft ein Haus und bewohnt es, je nach seinen Mitteln und seinem Bedarf, allein, oder er vermiethet das ihm Ueberflüssige; er wird Eigenthümer und Wohnungsinhaber, oder, sagen wir auch), Vermiether und Miether in einer Person. Keine dritte Person als gewerbmäßiger Hauseigenthümer und Wohnungsvermiether steht oder drängt sich ferner zwischen ihn und sein Wohnungsbedürfniß. Von dieser täglichen

Erfahrung ist auszugehen, und von ihr gehen die folgenden Vorschläge aus, die auch in jeder anderen Beziehung thunlichst den Bedürfnissen und Gewohnheiten der Zeit, in welcher wir leben, Rechnung tragen.

Dem Principe der Theilung der Arbeit getreu, begrenzen wir die Abhülfebestrebungen und richten sie fürs Nächste nur gegen den Wohnungsfeudalismus. Als erreichbares Ziel steht uns vor Augen: 1. die mehr oder weniger bemittelten Miether in den Genuß von unkündbaren Wohnungen zu setzen, deren Preis in den nächsten 10 Jahren nur mäßigen Aufschlägen unterworfen ist, um dadurch die Mittel zur Entlastung der Grundstücke bis wenigstens zu 70 % ihres Werthes zu gewinnen; 2. den Miethern von dem zehnten Jahre ihres Wohnens ab die Wohnungen auch unsteigerbar zu überlassen; 3. die Miether sämmtlicher Wohnungen zu den Eigenthümern der Häuser zu machen, worin sie wohnen; 4. ihnen die wachsende Hausrente schon vom Beginn des Wohnens an zuzuwenden.

Die rechnerischen Combinationen, welche den vollgültigen Beweis der finanziellen Ausführbarkeit des bezeichneten Planes liefern, sind etwas complicirt; sie eignen sich nicht wohl zum mündlichen Vortrag, weil die Zuhörer den Zahlenentwickelungen mit dem Ohr allein doch nicht würden folgen können. Wir beschränken uns daher auf Folgendes:

Die betreffende Gesellschaft (es können auch mehrere sein) muß eine Aktiengesellschaft mit ansehnlichen Mitteln sein. Diese sind durch Actienemission zu gewinnen und dienen zum Ankauf, d. h. zur Anzahlung des Kaufgeldes der benöthigten Häuser. Es muß aber auch sofort auf die weitere Entlastung der Häuser von Schulden Bedacht genommen werden. Mehr als 60—66²/₃ Procent sollte die Belastung nicht betragen, damit auch bei einem obgleich nicht wahrscheinlichen, doch immerhin möglichen Sinken der Häuserpreise die Gesellschaft immer solvent bleibe. Sollen nun die Miether die Besitzer der Häuser sein oder werden, so müssen sie auch einen Theil der Actien erwerben und in der Hand behalten; diese Anforderung läßt sich wiederum nicht an unbemittelte, sondern nur an bemittelte Miether stellen, an Miether also, die etwa zwischen 100 bis 1000 Thaler Miethe zahlen.

Das Feld der Wirksamkeit bleibt trotzdem in Berlin z. B. noch übergroß. Daselbst zählte man Ostern 1872 66,854 Miether in den Miethzins-Classen von 100 bis mit 1000 Thalern; sie zahlten zusammen 17,298,584 Thaler Miethe. Nimmt man nun 300 Thaler als den Durchschnittspreis der Wohnung eines Miethers jener Gruppe an, so kann man die Rentabilitätsrechnung einer Miether-Aktiengesellschaft aufstellen, welche nach den Grundsätzen errichtet würde, die wir in einem besondern Statut mit beigefügten Rentabilitätsberechnungen und dazu gehörigen Erläuterungen zu verdeutlichen bestrebt waren.*)

Wir haben uns der Mühe der Aufmachung von den Bilanzen der Jahren, in welchen, die Wohnungsmiethen die oben erwähnte Steigerung

*) Der bei Haltung des Vortrags gemachten Zusage zu entsprechen, das ganze Statut und sämmtliche dazu gehörige Rechnungen dem Abdruck desselben in vorliegendem Rechenschaftsberichte beizufügen, verbieten leider Raum und Zeit. Sie werden dagegen in einem Separatabdruck Platz finden.

ahren haben, für eine Actiengesellschaft unterzogen, welche mit einem
tiencapital von 1,000,000 Thalern arbeitet, hierfür 100 Häuser mit
10 Wohnungen à 300 Thaler Durchschnitts=Miethswerth zum Gesammt=
:ise von 5 Millionen Thaler erwirbt und diese Wohnungen an ihre
tionäre unkündbar vermiethet. Letztere werden in „Mietheractionäre"
> „freie Actionäre" unterschieden. Die ersteren sind die, welche bereits in
i Genuß der unkündbaren Wohnung getreten sind, die letzteren die, welche
noch nicht sind, aber so lange sie es nicht sind, einen Vorzug von 5 Prozent
bidende auf ihre Actien genießen. Erfüllen sich die gemachten Voraussetzun=
:, so kann den freien Actionären nach dem 2. Jahre schon eine Dividende
i 6 Procent, nach dem 4. von 7 Procent, nach dem 6. von 8 Procent,
h dem 8. von 9 Procent und nach dem 10. von 10 Procent gezahlt
:ben, auf welcher Höhe sie sich erhält. Der Werth der Actien ist in
Jahren durch die Abschreibungen, die aufgesammelten Reserve= und Tilgung=
ds von 100 auf 154_0 Thlr. gestiegen. Da auch nach dem 10. Jahre die
tlastung der Grundstücke von Hypothekenschulden noch keineswegs aufhört,
Gegentheil, trotz der Unsteigerbarkeit der Wohnungen, sehr intensiv fort=
:eitet, so erhöht sich der Werth der Actien hierdurch regelmäßig: er ist nach
i 15. Jahre schon auf's Doppelte angewachsen, so daß der Mietheractionär,
bei seinem Eintritt in die Gesellschaft eine Wohnung von 300 Thlr.
:thet, hierzu aber im Besitze von 600 Thlr. Actien der Gesellschaft sein
ßte, diese Actien nach 15 Jahren um das Doppelte erhöht sieht; er hat
> nicht blos unkündbar, und seit dem 10. Jahre unsteigerbar gewohnt,
dern auch noch ein Capital von 600 Thlr. angesammelt, das, wenn er es
: die 15 Jahre seines bisherigen Wohnens vertheilt, ihm zeigt, daß er
von Anfang an unsteigerbar gewohnt hat.

Mit solchen Chancen kann das Unternehmen einer Miether=Actiengesell=
ift eher auf freundliche Aufnahme unter den Miethern und thatkräftige
terstützung, selbst auf Nachahmung und Verbreitung bei den Börsen rechnen.
ie Gesellschaft allein wäre ohnehin nur ein Tropfen im Meere. Viele
immen in einer Großstadt würden aber sicher dazu beitragen, dem gewerb=
ßigen Wohnungsfeudalismus die Wurzeln seiner Nahrung abzugraben und
:n größern oder geringern Theil der achtbarsten Bevölkerung jeder Stadt,
Mittelstand, vor der Wohnungshörigkeit, der Obdachunsicherheit und
i Nomadenthum zu schützen.

Unleugbar würden die Miether=Actiengesellschaften ihren Zweck gänzlich
fehlen, wenn sie die Miether aus einer Unfreiheit in die andere stoßen
lten, d. h. in diejenige, für immer an eine bestimmte Wohnung gefesselt
sein, ohne die Möglichkeit des Wechsels je nach Bedarf und Umständen.
zu liegt aber auch nicht die entfernteste Nothwendigkeit vor. Die den
tgliedern der betreffenden Gesellschaften eingeräumte Wohnungswechsel=
iheit ist am besten mit der in ein großes Hôtel einkehrender
senden zu vergleichen, dessen Zimmer ja gleichfalls jedem Reisenden nach
ihl und Mitteln zur Verfügung stehen. Ist das Haus voll, so finden
e Reisende überhaupt keine Aufnahme; sind die Zimmer, die man wünscht,
n besetzt, so muß ein Dritter, der sie verlangt, so lange mit anderen
lieb nehmen, bis sie frei werden.

Ganz in der nämlichen Richtung arbeiten jetzt die benefit building societies in England. Einzelne derselben geben sich gar nicht mehr mit Bauen, sondern nur noch mit Kaufen von Häusern und mit Sparbank= Geschäften ab. Die Häuser gehen entweder in bekannter Weise in's Eigen= thum der Mitglieder der Genossenschaften über oder werden ihnen auf gewisse Zeit vermiethet. Es ist hierbei alles so sehr Geschäft, daß das Epitheton „benefit" überflüssig geworden ist und von den größeren Gesell= schaften längst nicht mehr geführt wird. So liegt uns z. B. der neueste Prospect der Birckbeck building Society vor, welche ihren Mitgliedern den Ankauf oder die Pacht von 193 Häusern in 77 Distrikten von London und dessen Umgebung offerirt. Die Miether=Actiengesellschaften der continentalen Großstädte würden hinsichtlich der Lage ihrer Häuser eben so wenig an be= stimmte Stadttheile oder Straßen gebunden sein, sondern sie würden sich mit ihren Wohnungen nach ihrer Mietherkundschaft richten und deren Bedürfnisse beim Kauf der Häuser in erster Linie ins Auge fassen. Den jetzigen Bau= gesellschaften sind Miethergesellschaften der bezeichneten Art, nicht im Wege; im Gegentheile, sie können sich trefflich einander unterstützen es können aber auch die Miether=Actiengesellschaften zugleich Baugesellschaften und Bauspar= banken und letztere zugleich ersteres sein.

Das ist das Mittel der Selbsthülfe, welches wir vorzuschlagen haben. Es leidet allerdings an dem Mangel, daß es nur für bemittelte Miether berechnet ist. Indessen nicht so ausschließlich, wie es scheint. Selbst in den nur für „herrschaftliche Wohnungen" eingerichteten Häusern finden sich stets, sei es im Keller, oder im Dach, oder auf dem Hof, noch Wohnungen für kleine Leute, die selbstverständlich, wenn dergleichen Häuser in den Besitz von Miether=Actiengesellschaften übergegangen sind, nicht unvermiethet gelassen werden. Können deren Miether auch nicht Actionäre der Gesellschaften werden, so werden sie unzweifelhaft doch alle Vortheile der übrigen Miether, vor allem die Obdachsicherheit genießen. Daß durch das Hereinziehen des Sparbank= Geschäfts in den Wirkungskreis der Miether=Actiengesellschaften, wie es in so großartigem Maßstabe bei den englischen building societies der Fall ist, auch den nur wenig bemittelten Miethern sämmtliche Vortheile jener Gesellschaften zugeführt werden können, sei hier nur angedeutet. Das Princip der Theilung der Arbeit empfiehlt indeß erst die Lösung der einen Aufgabe, die Erreichung des einen Ziels.

Das vorgeschlagene Mittel der Selbsthülfe steht mit den dem Staat, den Gemeinden, den großen Erwerbsgesellschaften und Arbeitgebern vindicirten Aufgaben zur Abhülfe der Wohnungsnoth im engsten Zusammenhange. Wie wiederholt betont, sind sie auf die Beseitigung der gewerbmäßigen Wohnungs= vermiethung seitens gewerbmäßiger Hauseigenthümer gerichtet. Es bedarf dieser Zwischenpersonen, wie das Wohnen in den viel größeren Städten Englands lehrt, durchaus nicht. Der Staat, die Gemeinden und Corpora= tionen sind jedenfalls als Dienst= und Arbeitsherrschaften für ihre Diener und Arbeitnehmer ungleich bessere und humanere Wohnungsgeber, als die große Mehrzahl der jetzigen Hauswirthe, die sich nicht zum kleinsten Theil aus recht ungebildeten Bevölkerungsschichten recrutiren. Fällt das gewerb= mäßige Hausbesitzerthum, so fällt auch die gewerbmäßige Bauspeculation, womit der unsoliden Baugewerk=Arbeit gleichfalls ein Damm gesetzt wird. Auch das Baustellen=Monopol und die gewerbmäßige Baustellen=Speculation werden durch diese Wohnungsreform einen gewaltigen Stoß empfangen, die wenigstens den Vortheil für sich hat, überall nur an gegebene Zustände anzuknüpfen und nichts zu verlangen, was erst nach durchgreifenden Aenderungen der Staats= und Communalverfassung, der Gesetzgebung und Verwaltung ins Leben treten könnte.

Wir sind mit unserem Vortrag zu Ende. Alles, was in seinen drei Abschnitten berührt und mitgetheilt wurde, trägt viel zu sehr den Stempel des Aphoristischen, als daß wir wagen könnten, der Versammlung einige be= stimmte Resolutionen zur Kundgebung ihrer Meinung in der Wohnungsfrage zu unterbreiten. Ueber das Wesen oder die Signatur und die Ursachen der Wohnungsnoth einen Ausspruch zu thun, wäre jedenfalls auch überflüssige jenes ändert sich nicht und diese wirken fort, ob hier etwas darüber beschlossen; werde oder nicht. Ueber die Mittel und Wege aber, die Wohnungsnoth zu heilen, ist es zur Zeit noch unmöglich, bestimmte Beschlüsse zu fassen. Man muß eben experimentiren. Auch unsere Vorschläge laufen nur auf Experimente hinaus, die viele Chancen des Gelingens für sich haben, dessenungeachtet aber auch mißlingen können. Indessen mit aprioristischen Urtheilen und Verur= theilungen des einen oder des anderen Reformvorschlages ist bei so complicir= ten, von allerhand Nebenumständen beeinflußten Erscheinungen überhaupt nicht viel gethan, wenn nicht zugleich angegeben wird, wie es besser gemacht werden soll. Gäbe es Jemand, der ein vollständiges, in seinen Erfolgen sicher verbürgtes System von Mitteln zur dauernden Abhülfe der acuten wie chronischen Wohnungsnoth vorzuschlagen wüßte, der könnte sich getrost in jeder davon heimgesuchten Großstadt nach einem bevorzugten Platze für das Denkmal umsehen, das ihm daselbst nicht erst die dankbare Nachwelt, sondern schon die dankbare Mitwelt mit Freuden errichten würde.

Anhang.

I.

Statut

einer

Wohnungsmiether-Actiengesellschaft.

I. Abschnitt.

Zweck, Firma, Sitz und Dauer der Gesellschaft und allgemeine Bestimmungen.

§ 1. Unter der Firma:

Wohnungsmiether = Actiengesellschaft

wird durch gegenwärtiges Statut eine Actiengesellschaft mit dem Sitze in .... errichtet, deren vornehmlichster Zweck die Beschaffung preiswürdiger, unkündbarer und von einem im Voraus fest bestimmten Zeitpunkt auch unsteigerbarer Wohnungen für ihre Actionäre ist.

§ 2. Um diesen Zweck zu erreichen, setzt sich die Gesellschaft folgenden Wirkungskreis und betreibt sie folgende Geschäfte:

a) Ankauf, Tausch und Verkauf von Bauplätzen und Bauterrains;

b) Parcellirung solcher Terrains behufs Bildung von Baugenossenschaften oder Baugesellschaften;

c) Ankauf, Tausch und Verkauf bereits gebauter Häuser;

d) Neu = und Umbau von Häusern und Beschaffung der Baumaterialien hierzu durch Ankauf oder eigene Production;

e) Administrirung von Häusern jeder Art für Rechnung Dritter;

f) Beschaffung, Einrichtung und Vermiethung von Wohnungen und Geschäftslocalitäten;

g) Ausfertigung von auf den Namen lautenden, verzinslichen, kündbaren und unkündbaren Schuldbocumenten und Verpfändung der erworbenen Grundstücke hierfür. Es bleibt vorbehalten, bei der Staatsregierung um die Erlaubniß nachzusuchen, auch auf den Inhaber lautende Schuld= documente auszufertigen.

h) Ansammlung von Fonds in kleinen und großen Beträgen und hypo= thekarische Sicherstellung, sowie anderweite, dem Gesellschaftszwecke ent= sprechende Benutzung derselben;

i) Beleihung von Grundstücken und Effecten;

§ 3. Die Gesellschaft beschränkt ihre Thätigkeit thunlichst auf den Ort ihres Sitzes und dessen nächste Umgebung.

§ 4. Die Dauer der Gesellschaft ist vorläufig auf 100 Jahre, vom ...... 187 . an gerechnet, festgesetzt und kann durch Beschluß der General= versammlung vor Ablauf des 95. Geschäftsjahres verlängert werden.

§ 5. Die Bekanntmachungen der Gesellschaft müssen in nachbenannten Blättern erfolgen. (Folgen die Namen der Zeitungen.) Eine Aenderung in diesen Publicationsorganen muß in den bis dahin benutzten Blättern — insoweit dies durch deren etwaiges Eingehen nicht unmöglich ist — bekannt gemacht werden.

II. Abschnitt.

Das Grundcapital.

§ 1. Das Grundcapital der Gesellschaft wird durch Zeichnung von Actien gebildet und vorläufig auf

5 Millionen Thaler

in 50,000 Actien à 100 Thaler festgestellt.

Die Beschaffung dieses Capitals findet in 5 Emissionen, jede zu 1 Million Thaler oder 10,000 Stück Actien à 100 Thaler statt. Ueber den Zeitpunkt der folgenden Emission beschließt der Aufsichtsrath.

Auf Beschluß der Generalversammlung kann das Grundcapital bis auf 20 Millionen Thaler erhöht werden. Es darf indessen keine neue Emission stattfinden, bevor die Actien älterer Emissionen nicht vollständig begeben und eingezahlt sind.

Andererseits muß eine neue Emission stattfinden, wenn soviel neue Wohnungsbewerbungen vorliegen, daß der Miethsbetrag dieser Wohnungen eine Million Thaler übersteigen würde.

Das Actiencapital kann auf Beschluß der Generalversammlung durch Ankauf oder Amortisation von Actien auch erniedrigt werden. Im Fall der Amortisation werden die zu amortisirenden Actiennummern oder Serien durchs Loos bestimmt.

§ 2. Die Einzahlungen auf die Actien sind in Raten, welche von dem Aufsichtsrath ausgeschrieben werden, zu leisten. Die Aufforderung zur Einzahlung ist dreimal in den Gesellschaftsblättern, das letzte Mal wenigstens vier Wochen vor dem für die Einzahlung festgesetzten Schlußtermin, bekannt zu machen. Erst nachdem 40 Procent des Grundcapitals der ersten Emission eingezahlt sind, darf die Gesellschaft ihren Betrieb eröffnen. Die weiteren 60 Procent werden nach Bedürfniß (auf Ausschreiben des Verwaltungsraths) in Raten von 10 bis 20 Procent eingezahlt.

§ 3. Für die Einzahlungen von 40 Procent des Nominalwerths der gezeichneten Actien sind die Zeichner (gemäß des Art. 222, 2 d. A. D. H.-G.-B.) unbedingt verhaftet. Nach Einzahlung dieser 40 Procent können, auf Beschluß des Aufsichtsraths, die Zeichner von der Haftung für die weiteren Einzahlungen befreit und dann auf die Inhaber lautende Interimsscheine nach beiliegendem Schema (Anlage A) ausgefertigt werden. Bis die Actien ausgegeben sind, versehen diese Interimsscheine deren Stelle. Erst nach Einzahlung des vollen Nennwerths werden die Actien selbst und zwar nach dem Schema der Anlage B ausgefertigt.

Sowohl den Interimsscheinen als auch den Actien sind Talons nach Schema C und zweierlei Dividendenscheine beigefügt, wovon der eine, nach

Schema D, auf eine Abschlagsdividende von 5 Procent, der andere, nach Schema E, auf den Rest der von der ordentlichen Generalversammlung jeden Jahres festgestellten Gesammtdividende des abgelaufenen Geschäftsjahres lautet.

§ 4. Actionäre, welche die von dem Aufsichtsrathe ausgeschriebenen Ein= zahlungen in der festgesetzten Frist nicht leisten, sind zur Zahlung von 6 Procent Verzugszinsen, vom Verfalltage an gerechnet, und zur Entrichtung einer Con= ventionalstrafe von 10 Procent des fälligen Betrags verpflichtet.

Statt dessen können aber auch die säumigen Actionäre, auf Beschluß des Aufsichtsraths, ihre Anrechte aus der Zeichnung der Actien und der geleisteten Theilzahlungen zu Gunsten der Gesellschaft verlustig erklärt werden. Art. 220 u. 221 d. A. D. H.=G.=B.)

Diese Erklärung wird von dem Aufsichtsrath bekannt gemacht und die Ausgabe neuer Interimsscheine, resp. Actien an Stelle der ungültig erklärten veranlasst.

§ 5. Bei jeder Erhöhung des Grundcapitals sind die ersten Actienzeichner, resp. deren Rechtsnachfolger nach Verhältniß ihrer Zeichnungen ein Dritttheil, und die derzeitigen Actionäre nach Verhältniß ihres Actienbesitzes, die anderen zwei Dritttheile der zu emittirenden Actien zum Nennwerth, bezw. einem vom Aufsichtsrath zu bestimmenden Ueberpari=Courswerth zu übernehmen berechtigt. Dieses Vorrecht muß binnen einer Präclusivfrist von 4 Wochen, vom Tage der ersten Bekanntmachung durch die Gesellschaftsblätter an gerechnet, ausgeübt werden, widrigenfalls dasselbe für die betreffende Emission erlischt. Unter dem Nennwerthe dürfen Actien nicht begeben werden.

§ 6. An die Stelle von Interimsscheinen, Actien, Dividendenscheinen und Talons, welche durch Beschädigungen ungeeignet für den Verkehr geworden sind, gleichwohl aber die Merkmale der Echtheit noch zweifellos erkennen lassen, ist die Direction ermächtigt, gegen Auslieferung dieser beschädigten Papiere auf Kosten des Inhabers neue gleichartige Papiere auszugeben. Für vollständig unbrauchbar gewordene oder verloren gegangene Interimsscheine und Actien können nur auf Grund der durch den Eigenthümer veranlassten gerichtlichen Mortification derselben neue Interimsscheine, resp. Actien verabreicht werden.

Dividendenscheine werden nicht mortificirt, verfallen vielmehr, wenn sie nicht innerhalb vier Jahren, vom 31. December des Jahres angerechnet, in welchem sie fällig wurden, erhoben werden, zu Gunsten der Gesellschaft.

Wird der Verlust der Dividendenscheine jedoch innerhalb dieser 4 Jahre bei der Direction angemeldet und glaubhaft nachgewiesen, so kann nach Ablauf dieser Frist der Betrag der angemeldeten und bis dahin zur Einlösung nicht präsentirten Dividendenscheine ausgezahlt werden.

Eben so wenig werden vollständig unbrauchbar gewordene, resp. verloren gegangene Talons gerichtlich amortisirt. Wird von dem Inhaber der Actie, vor Ausreichung der neuen Dividendenscheine, der Verabreichung derselben an den Präsentanten der Talons widersprochen, von Letzterem jedoch diese gefordert, so erfolgt die Aushändigung erst nach vollständiger Erledigung der streitigen Ansprüche.

Kann ein Talon nicht eingereicht werden, so sind dem Inhaber der betreffenden Actie nach Ablauf des Zahlungstages des dritten der Dividendenscheine, welche auf den Talon zu empfangen waren, diese Dividendenscheine zu verabfolgen. Der Besitz des betreffenden Talons gewährt dann kein Recht auf Empfang der Dividendenscheine.

III. Abschnitt.

Die Actionäre.

§ 1. Jeder Actionär erwirbt sich durch seinen Actienbesitz den Anspruch auf Zuweisung und Beziehung einer in den Grundstücken der Gesellschaft gelegenen, frei stehenden oder frei werdenden, seiner Wahl entsprechenden Wohnung oder Geschäftslocalität.*)

§ 2. Um diesen Anspruch geltend zu machen, muß der Actionär sich mindestens im Besitz des doppelten Nominalbetrags von Actien der Gesellschaft befinden, als der Tarifpreis der Wohnung oder Geschäftslocalität ist, welche er zu haben wünscht. Diese Actien resp. Interimsscheine sind von dem Tage der Geltendmachung des Anspruchs mit Talons und Dividendenscheinen bei der Gesellschaftskasse gegen einen auf den Namen des Miethbewerbers lautenden, nicht cedirbaren Depotschein zu hinterlegen.

§ 3. Kann dem Deponenten nicht sofort eine Wohnung, wo und wie er sie wünscht, gewährt werden, so wird seine Bewerbung vorgemerkt. Von dem Tage dieser Vormerkung an datirt die Ancienetät des Anspruchs, welche er gegen andere Bewerber einnimmt. Bei gleichzeitigen Bewerbungen um ein und dieselbe Wohnung entscheidet unter übrigens gleichen Umständen das Loos.

§ 4. Dem Wohnungsbewerber steht jederzeit frei, seine Bewerbung zurückzuziehen. Er erhält dann gegen Rückgabe des Depotscheins die von ihm hinterlegten Actien nebst Talons und Dividendenschein zurück und damit er= lischt gleichzeitig die Ancienetät seines Wohnungsanspruchs.

§ 5. Sobald der Wohnungsbewerber die von ihm gewünschte Wohnung erhalten hat, tritt er in die Kategorie der „Mietheractionäre" und seine Actien werden „Mietheractien". Zur Bezeichnung des Gegensatzes werden die Actionäre, welche noch keine Wohnung erhalten haben, oder ihr Woh= nungsrecht nicht ausüben „Freie Actionäre" und deren Actien „Freie Actien" genannt, letzteres deshalb, weil sie nicht hinterlegt zu werden brauchen.

§ 6. Die Wohnungen werden den Actionären unkündbar seitens der Gesellschaft vermiethet. Die Fälle, in welchen letzterer das Kündigungsrecht zusteht, sind nur folgende:

a) wenn sich die Gesellschaft auflösen sollte,

b) wenn sie das Grundstück, in welchem sich die Wohnung befindet, frei= händig oder zwangsweise wieder verkaufen sollte,

c) wenn das Grundstück, in welchem sich die Wohnung befindet, einem Umbau unterzogen werden sollte, wobei dieselbe geräumt werden muß,

---

*) Um die Worte „Wohnung und" oder bez. „oder Geschäftslocalität" nicht zu häufig zu wiederholen, wird in der Folge meist nur „Wohnung" geschrieben werden. Es ist aber immer für „Wohnung und" bez. „oder Geschäftslocalität" zu lesen.

d) wenn der Miether die Miethe und die Aufschläge (III. 9) nicht pünkt=
lich an den dazu festgesetzten Terminen zahlt oder etwaigen anderweitigen
Verpflichtungen gegen die Gesellschaft nicht pünktlich und rechtzeitig nachkom=
men sollte. In dergleichen Fällen ist die Gesellschaft berechtigt, sich für
den schuldigen Theil der Wohnungsmiethe oder ihrer anderweiten Forderungen
aus den bei ihr deponirten Mietheractien des betreffenden Miethers ohne
Weiteres bezahlt zu machen,

    e) wenn der Miether resp. dessen Angehörige sich Verstöße gegen das
Wohnungs= und Miethregulativ zu Schulden kommen lassen, welche in
demselben mit Kündigung oder gar mit Exmission bedroht sind.

§ 7. In den Fällen unter b und c des § 6. ist die Gesellschaft ver=
pflichtet, dem Mietheractionär eine andere ähnliche unkündbare Wohnung in
ihren Grundstücken anzuweisen. Ist dies wegen Mangels solcher Wohnun=
gen in denselben unthunlich, so muß sich's der Mietheractionär gefallen lassen,
einstweilen eine kündbare Wohnung, nach Befinden auch außerhalb der Grund=
stücke der Gesellschaft, angewiesen zu erhalten. Letztere hat ihm dann die ein=
maligen Umzugskosten mit 5% seiner letzten Jahresmiethe zu vergüten. Das
Wohnungsrecht des betreffenden Mietheractionärs erlischt durch dieses Wohnen
außerhalb der Grundstücke der Gesellschaft so lange nicht, als dessen Actien
bei der Gesellschaft deponirt sind.

§ 8. Die Wohnungen werden den Mietheractionären zu denjenigen
Preisen vermiethet, welche die aus Actionären zusammengesetzte Wohnungs=
Commission (vergl. V. C.) festgestellt hat. In der Regel soll der Tarif=
preis sämmtlicher Wohnungen und Geschäftslocalitäten eines Hauses die
6procentige Rente der Erwerbungs= bezw. Herstellungssumme desselben nicht
übersteigen.

§ 9. Um die Mittel zur Entlastung der Grundstücke zu gewinnen,
erleiden die Tarifpreise der Wohnungen und Geschäftslocalitäten während der
ersten 10 Jahre der Bewohnung bezw. der Benutzung derselben jährlich einen
Aufschlag von $3\frac{1}{3}$ Procent, der jedesmal zu dem Miethpreise des Vorjahrs
hinzutritt, bis nach 10 Jahren je 100 Thlr. Tarifpreis auf $133\frac{1}{3}$ Thlr.
gestiegen sind. Hierbei verbleibt es und finden von da ab weitere Aufschläge
nicht statt. Je nach Wahl des Mietheractionärs können die zehn Jahresauf=
schläge in einen einzigen, oder auch in zwei fünfjährige verwandelt, oder es
kann die ganze Summe der Aufschläge von ihm im Voraus bezahlt werden.
Im letzteren Falle findet eine Discontovergütung von 20 Procent statt.

§ 10. Die Aufschläge nehmen jedem einzelnen Mitheractionär gegenüber
ihren Anfang von dem Datum des mit ihm geschlossenen Miethsvertrags und
müssen im letztern ausdrücklich als solche bedungen und über Art und Höhe
derselben das Nöthige hinzugefügt werden.

§ 11. Die Aufschläge werden nach Einheiten gemessen, wovon jede eine
Summe von $3\frac{1}{3}$ Thlr. repräsentirt. Während der Aufschlagsdauer in den
ersten 10 Jahren der Bewohnung sind 55 solcher Aufschlagseinheiten pro
100 Thlr. Miethzins zu entrichten.

§ 12. Die Summe der Aufschlagseinheiten ist nur einmal zu entrichten.
Die bereits bezahlten Einheiten erwerben dem Mietheractionär das Recht der
Anrechnung derselben bei einer Wohnungsveränderung in der Weise, daß, wenn

er feine Wohnung gegen eine andere vertaufcht, dem Mietheractionär in de
neuen Wohnung foviel Einheiten gut gerechnet werden, als er in der alte
fchon gezahlt hat. Wenn er feine Wohnung gänzlich verläßt, werden au
die ihm herauszugebenden Mietheractien die bereits gezahlten Einheiten quittir
fo daß fie nun der neue Befiter diefer Actien bei feiner Wohnungsbewerbung
geltend machen kann.

§ 13. Der Generalverfammlung fteht das Recht zu, die Auffchläge zeit
weilig zu erhöhen oder zu erniedrigen oder auch gänzlich zu fiftiren. Di
Erniedrigung oder Siftirung darf aber nur dann gefchehen, wenn die auf di
freien Actien entfallende Gefammtdividende 10 Procent bereits erreicht obe
überfchritten hat.

Dergleichen Abänderungen der Auffchläge find für alle Mietheractionär
bindend, aber nicht rückwirkend.

§ 14. Die tarifmäßigen Miethpreife für die Wohnungen und Gefchäfts=
localitäten find von dem Mietheractionär nur quartaliter und pränumerando
an die Direction zu entrichten. Die Unterlaffung diefer Zahlung zu den
contractlich feftgefetzten Terminen zieht die Kündigung, im Wiederholungsfall
die Exmiffion nach fich.

§ 15. Aftervermiethungen, Ceffionen oder Vertaufchungen der Wohnungen
oder Gefchäftslocalitäten unter Mietheractionären bedürfen der Genehmigung
der Gefellfchaftsdirection und können von diefer ohne Angabe von Gründen
verweigert werden.

§ 16. Der Mietheractionär ift verpflichtet, die von ihm bei Geltend=
machung feines Wohnungsanfpruchs (§ III. 2) bei der Gefellfchaftskaffe hinter=
legten Actien nebft Talons und Dividendenfcheinen dafelbft fo lange liegen zu
laffen, als er die Wohnung inne refp. feine Wohnungsbewerbung nicht zurück=
gezogen hat. In der Zeit, wo der Mietheractionär die Wohnung bewohnt,
verlieren die auf die fünfprozentige Abfchlagsdividende lautenden Scheine ihre
Gültigkeit, d. h. der Mietheractionär entbehrt, fo lange er im Genuß feiner
Wohnung ift, den Genuß jener Abfchlagsdividende und behält nur den un=
verkürzten Anfpruch auf die Superdividende.

§ 17. Dem Mietheractionär fteht jederzeit frei, feine Wohnung an
einem der Quartalstermine zu kündigen und am nächften Quartalstermine zu
verlaffen. Seine Kündigung verpflichtet die Gefellfchaft aber nicht, ihm eine
andere Wohnung anzuweifen, fondern blos, wenn er dies verlangt, ihn auf
die Wohnungsbewerber=Lifte, mit der Anciennetät vom Tage des Verlangens,
zu fetzen. Die Auffchlagseinheiten, welche er bisher entrichtet hat, gehen ihm
durch feine Kündigung nicht verloren. (Vgl. III. 12.)

§ 18. Verläßt ein Mietheractionär feine Wohnung, ohne in eine
andere der Gefellfchaft gehörige einzuziehen, und liegt von ihm keine neue
Wohnungsbewerbung vor, fo werden ihm, wenn er die Wohnung in gutem
Zuftand verlaffen und feine übrigen Verpflichtungen gegen die Gefellfchaft er=
füllt hat, die von ihm deponirten Mietheractien nebft Talons und noch un=
abgelaufenen Dividendenfcheinen, gegen Rückgabe des Depôtfcheines zur weiteren
freien Verfügung ausgehändigt.

§ 19. Stirbt ein Mietheractionär, fo bleiben die Angehörigen feiner
Haushaltung fo lange in dem ungeftörten Befitz der Wohnung, als die Miether=

actien in dem Depôt der Gesellschaft belassen und von diesen Angehörigen die übrigen contractlichen Bedingungen erfüllt werden.

§ 20. Die Actionäre haben in Ansehung ihrer Rechte und Pflichten gegen die Gesellschaft, sowie in Beziehung ihrer Streitigkeiten mit derselben den Gerichtsstand vor dem Stadtgericht in ...... zu nehmen. Sie haben daher eintretenden Falls eine Person oder ein Handlungshaus am Orte dieses Gerichts zu bezeichnen, an welche gerichtliche Insinuationen rechts= gültig erfolgen können. In Ermangelung jeder derartiger Bestimmung greifen die gesetzlichen Bestimmungen Platz.

IV. Abschnitt.
Die Verwaltung.

§ 1. Als Verwaltungsorgane der Gesellschaft fungiren die Direction, der Aufsichtsrath, die Wohnungscomission und die Generalversammlung.

A. Die Direction.

§ 2. Die Direction besteht aus 3 Mitgliedern; sie werden sämmtlich mit der ausdrücklichen Bezeichnung als erstes, zweites oder drittes Mitglied von dem Aufsichtsrath gewählt. Ihre Gehalts= und sonstigen Dienstverhält= nisse werden durch einen vom Aufsichtsrath abzuschließenden Dienstvertrag geregelt. Den speciellen Wirkungskreis der einzelnen Directionsmitglieder setzt eine besondere Dienstinstruction fest.

§ 3. Die Directoren müssen ihren Wohnsitz in .... haben und dürfen, ohne Genehmigung des Aufsichtsraths, bei keinem anderen Gewerbebetriebe weder als Directions = noch als Aufsichtsraths = Mitglieder betheiligt sein. Jeder derselben hat vor seinem Amtsantritt 50 Actien der Gesellschaft bei der Casse derselben zu hinterlegen, welche während seiner Amtsdauer, bis zu ertheilter Decharge als Caution für die statutenmäßige Geschäftsführung, der Gesellschaft verhaftet sind.

§ 4. Die Legitimation der Directionsmitglieder erfolgt durch ein auf Grund ihrer Eintragung in das Handelsregister zu ertheilendes Attest des betreffenden Gerichts, die Legitimation anderer zur Vertretung der Gesell= schaft berufenen Beamten durch die ihnen ertheilte gerichtliche oder notarielle Vollmacht des Aufsichtsraths.

§ 5. Die Direction ist das ausführende Organ der Gesellschaft; sie leitet, nach Maßgabe des Statuts und der ihr ertheilten Dienstinstruction, die Angelegenheiten und Geschäfte derselben und vertritt sie nach Außen gemäß den Bestimmungen des Allgemeinen Deutschen Handels=Gesetzbuchs.

§ 6. Alle, die Gesellschaft verpflichtenden Urkunden und schriftlichen Er= klärungen werden in der Form ausgestellt, daß der geschriebenen oder ge= druckten Firma mindestens zwei Directionsmitglieder oder ein Director und in zur Vertretung der Gesellschaft berechtigter Stellvertreter (Procurist) — etzterer mit einem die Stellvertretung andeutenden Zusatze — ihre Namen hinzufügen. Anderweite Ausfertigungen der Gesellschaft, durch welche die=

felbe keine bindenden Verpflichtungen eingeht, können von einem Director allein gezeichnet werden.

Bei fog. Caffenquittungen oder Quittungen über geleistete Zahlungen und Rechnungen über gelieferte Werthpapiere, Wechſel und dergleichen genügt die gemeinſchaftliche Unterſchrift eines Stellvertreters oder Procuriſten und eines Kaſſenbeamten.

§ 7. Im Falle der durch den Aufſichtsrath über einzelne oder ſämmt= liche Directionsmitglieder wegen ſtatutenwidriger Amtsführung verhängten Suspenſion oder Entlaſſung ſteht denſelben der Recurs an die General= verſammlung frei.

B. Der Aufſichtsrath.

§ 8. Der Aufſichtsrath beſteht aus mindeſtens 6 und höchſtens 12 von der Generalverſammlung aus der Mitte der Actionäre zu wählenden Mitgliedern, wovon die größere Hälfte den Mietheractionören, die kleinere den freien Actionären angehören, ſämmtliche Mitglieder aber in . . . . oder deſſen nächſter Umgebung ihren Wohnſitz haben müſſen.

Für das erſte Jahr beſteht der Aufſichtsrath aus den von der con= ſtituirenden Generalverſammlung erwählten Perſonen. Für die Folgezeit, und zwar von der 1. ordentlichen Generalverſammlung ab, wird der Ver= waltungsrath auf 3 Jahre gewählt und ſcheiden nach Ablauf derſelben in der ordentlichen Generalverſammlung jeden Jahres diejenigen 2 bezw. 4 Mit= glieder aus, welche die längſte Dienſtzeit haben. Bei gleich langer Dienſtzeit entſcheidet das Loos. Eine Wiederwahl iſt zuläſſig; das oben angedeutete Zahlenverhältniß zwiſchen freien und Mietheractionären darf hierdurch aber nicht alterirt werden. Scheidet ein Mitglied des Aufſichtsraths vor Ablauf der Amtsdauer aus, ſo kann der Aufſichtsrath bis zur nächſten General verſammlung einen Erſatzmann aus der Kategorie der Actionäre wählen, welcher der Ausgeſchiedene angehörte. Der dann von letzteren Gewählte tritt betreffs ſeiner Amtsdauer in die Reihe des ausgeſchiedenen Mitglieds. Tritt ein Mitglied aus ſeiner Stellung als freier Actionär in die eines Miether= actionärs oder umgekehrt, ſo erliſcht dadurch ſeine Function als Aufſichts= rath; er kann jedoch als Erſatzmann wieder gewählt werden, ſofern aus der Kategorie der Actionäre, der er nun angehört, ein ſolcher zu wählen iſt.

Ein Mitglied des Aufſichtsraths, das ſeine Zahlungen einſtellt, oder den Vollgenuß der bürgerlichen Ehrenrechte verliert, ſcheidet ſich dadurch ſelbſt aus.

§ 9. Jedes Mitglied des Aufſichtsraths hat 20 Stück Actien in die Caſſe der Geſellſchaft zu deponiren, in welcher ſie für die Zeit ſeiner Amts= dauer, bis zur ertheilten Decharge, als Caution verbleiben.

§ 10. Der Aufſichtsrath wählt alljährlich in ſeiner erſten Sitzung nach der ordentlichen Generalverſammlung aus ſeiner Mitte einen Vorſitzenden und einen Stellvertreter deſſelben. Sowohl hierbei, wie bei allen Wahlen im Aufſichtsrath entſcheidet die abſolute Majorität der Stimmen, bei Stimmen= gleichheit das Loos unter den betreffenden Wahlcandidaten. Wenn in der erſten Abſtimmung weder abſolute Stimmenmehrheit noch Stimmengleichheit erzielt worden iſt, ſo werden die Namen derjenigen, welche die meiſten Stimmen haben, in doppelter Anzahl der zu Wählenden auf die engere Wahl gebracht.

§ 11. Der Aufsichtsrath versammelt sich auf schriftliche und recommandirte Einladung des Vorsitzenden am Sitze der Gesellschaft, so oft es die Geschäfte erheischen. Die Berathungsgegenstände werden den Mitgliedern bei der Einladung, welche mindestens 3 Tage vor der Sitzung zu erfolgen hat, bekannt gemacht.

Auf Antrag der Direction oder von mindestens 1/3 der Mitglieder des Aufsichtsraths muß letzterer binnen 8 Tagen einberufen werden.

An den Sitzungen des Aufsichtsraths nehmen die Directoren mit berathender Stimme Theil; jedoch sind sie von denselben ausgeschlossen, wenn ihre persönlichen Angelegenheiten zur Berathung stehen.

§ 12. Beschlußfähig ist der Aufsichtsrath, wenn wenigstens die absolute Majorität seiner Mitglieder, einschließlich des Vorsitzenden oder dessen Stellvertreters, anwesend ist.

Die Beschlüsse werden mit Stimmenmehrheit gefaßt. Bei Stimmengleichheit entscheidet die des Vorsitzenden.

Ueber die Verhandlungen und Beschlüsse wird ein Protocoll geführt und dieses von den anwesenden Mitgliedern unterschrieben.

Die Erlasse des Aufsichtsraths werden von dem Vorsitzenden bezw. Stellvertreters desselben unterzeichnet.

§ 13. Der Aufsichtsrath regelt und überwacht die Geschäftsführung der Gesellschaft in allen Zweigen im Sinne des Artikels 225 des Allgemeinen Deutschen Handels-Gesetzbuchs. Ihm steht die Beschlußfassung über alle Angelegenheiten der Gesellschaft zu, soweit die alleinige Entscheidung nach den Statuten und bezw. der Dienstinstruction nicht der Direction, oder der Wohnungscommission, oder der Generalversammlung vorbehalten ist.

Insbesondere gehört zum Ressort des Aufsichtsraths:

1. die Feststellung der allgemeinen Normen
   a) für den Ankauf, Tausch und Verkauf der Bauterrains, Häuser und sonstigen Grundstücke,
   b) für den Bau und die Einrichtung der Häuser,
   c) für die Bildung der Baugenossenschaften und Gesellschaften,
   d) für das Wohnungsreglement und die Tarifirung der Miethpreise,
   e) für die Ausfertigung der kündbaren und unkündbaren Schulddocumente,
   f) für den Kassenverkehr,
   g) für die Anstellung der Beamten mit Gehalten unter 800 Thlr. und kürzeren als 6wöchentlichen Kündigungsfristen und der von ihnen zu bestellenden Cautionen,
2. die Wahl, Suspension und Entlassung der Directoren, sowie der Beamten mit Gehalten über 800 Thlr. und längeren als 6wöchentlichen Kündigungsfristen;
3. die Feststellung und Aenderung der Dienstinstruction für die Directoren;
4. die Feststellung des Personal- und Verwaltungsetats;
5. die Beschlußfassung über die an die Generalversammlung zu richtenden Anträge;
6. die Stimmführung der von Actionären der Verwaltung der Gesell-

ſchaft ertheilten Bevollmächtigungen zur Vertretung in den General=
verſammlungen;

7. die Beſtimmung über den Zeitpunkt und die Höhe einer Actienemiſſion
und die Art der Einzahlung.

§ 14. Der Aufſichtsrath kann ſowohl für die Ausübung der Ueber=
wachung des Geſchäftsbetriebs eines oder mehrere ſeiner Mitglieder auf die
Dauer eines oder mehrerer Monate oder ſelbſt eines ganzen Jahres beſonders
delegiren, als auch eines oder mehrere ſeiner Mitglieder mit ſpeciellen Auf=
trägen vorübergehend verſehen.

Dieſe Delegirten ſind berechtigt, an den Sitzungen der Direction mit
berathender Stimme Theil zu nehmen und verpflichtet, über das Ergebniß
ihrer controlirenden Thätigkeit, bezw. über die Vollziehung der ihnen ertheil=
ten Aufträge, an den Aufſichtsrath ſchriftlichen Bericht zu erſtatten.

§ 15. Die Mitglieder des Aufſichtsraths erhalten Erſatz für die durch
Ausübung ihrer Functionen verurſachten Auslagen, ſowie in ihrer Geſammt=
heit die durch V. 5 feſtgeſetzte Tantième. Dieſe Tantième wird unter die
Mitglieder des Aufſichtsraths dergeſtalt vertheilt, daß der Vorſitzende je 2,
jedes andere Mitglied je 1 Anweſenheitsmarke für jede Sitzung, welcher ſie
im Plenum oder in Commiſſionen des Aufſichtsraths beiwohnen, erhält und
nach der Zahl dieſer Marken die Vertheilung angelegt wird.

Für die, einzelnen Delegirten des Aufſichtsraths nach V. 14 beſonders
und bleibend aufgelegten Functionen können denſelben fixirte, auf das all=
gemeine Verwaltungskoſten=Conto zu verſchreibende Remunerationen gewährt
werden.

C. Die Wohnungscommiſſion.

§ 16. Die Wohnungscommiſſion beſteht aus 5 Mitgliedern und zwar
aus einem Aufſichtsraths= und einem Directionsmitgliede, ferner aus einem
freien und zwei Mietheractionären. Das Aufſichtsraths=Mitglied wird vom
Aufſichtsrath, das Directionsmitglied von der Direction und die anderen Mit=
glieder werden von der Generalverſammlung auf die Dauer eines Jahres
erwählt.

Das Aufſichtsraths=Mitglied führt den Vorſitz in der Wohnungscom=
miſſion; in deſſen Behinderung das Directionsmitglied.

§ 17. Die Aufgabe der Wohnungscommiſſion iſt:

a) die Unterſuchung der Gebäude bezw. der Wohnungen hinſichtlich ihrer
baulichen und hygieiniſchen Beſchaffenheit;

b) die Tariſirung der Wohnungen in den von der Geſellſchaft erworbenen
Grundſtücken nach den vom Aufſichtsrath hierüber feſtgeſtellten Normen;

c) die Ausübung der Wohnungspolizei in den vermietheten Wohnungen;

d) die Erſtattung eines jährlichen Geſchäftsberichts an die ordentliche
Generalverſammlung des Jahres.

§ 18. Die Wohnungscommiſſion fungirt in der Regel nicht aus eigener
Initiative, ſondern im gemeinſchaftlichen Auftrage des Aufſichtsraths und der
Direction. Dieſe können der Wohnungscommiſſion aber auf die Dauer ihrer
Amtszeit ganz beſtimmte Geſchäfte zuweiſen, welche ſie dann nach ihrem beſten
Ermeſſen in der dazu gegebenen Zeit erledigt. Ueber die Art und Weiſe der

Erledigung der ihr zugewiesenen Einzel= und laufenden Geschäfte erstattet die Wohnungscommission ihren Auftraggebern, je nach der Art des Gegenstandes, mündlichen oder schriftlichen Bericht.

§ 19. Wenn die Wohnungscommission zur Erledigung ihrer Aufgaben die Hinzuziehung von Sachverständigen für erforderlich erachtet, so ist sie un= behindert, dies zu thun.

§ 20. Den nicht dem Aufsichtsrath oder der Direction angehörenden Mitgliedern der Wohnungscommission können, außer der Tantième (IV. 5) vom Aufsichtsrath zu bestimmende, fixirte, auf allgemeines Verwaltungskosten= Conto zu verschreibende Remunerationen gewährt werden.

D. Die Generalversammlung.

§ 21. Die Generalversammlung vertritt die Gesammtheit der Actionäre. Ihre innerhalb dieses Statuts gefaßten Beschlüsse sind für alle Actionäre ver= bindlich.

§ 22. In jedem Jahre, und zwar im ersten Semester desselben, findet eine ordentliche Generalversammlung statt.

Außerordentliche Generalversammlungen können, bezw. müssen anberaumt werden:

a) auf Beschluß des Aufsichtsraths;
b) auf Antrag der Direction;
c) auf Antrag der ordentlichen Generalversammlung;
d) auf Antrag von Actionären, welche mindestens den 4. Theil des emittir= ten Actiencapitals besitzen und bei der Gesellschaftskasse deponiren.

§ 23. Die Einberufung der ordentlichen und außerordentlichen General= versammlung erfolgt durch den Aufsichtsrath und ist mittelst dreimaliger In= sertion in den Gesellschaftsblättern, unter Angabe des Zwecks und der zur Berathung stehenden Gegenstände, bekannt zu machen. Die letzte Insertion muß mindestens 14 Tage vor dem Zusammentritt der Generalversammlung stattfinden. Auf die Berufung der constituirenden Generalversammlung leiden diese Bestimmungen (in Gemäßheit des Art. 209 b. 2. Al. des A. D. H.=G.) dann keine Anwendung, wenn die Constituenten der Gesellschaft sich im Besitze sämmtlicher Actien derselben befinden.

§ 24. Zum Erscheinen in der Generalversammlung sind von den freien Actionären nur diejenigen berechtigt, welche ihre Actien spätestens 14 Tage vor dem Zusammentritt der Generalversammlung in den Büchern der Ge= sellschaft auf ihren Namen haben einschreiben lassen und diese Actien demnächst 8 Tage vor der stattfindenden Generalversammlung bei der Kasse der Gesell= schaft deponirt haben. Die Mietheractionäre haben mindestens 8 Tage vor dem Zusammentritt der Generalversammlung die Depotscheine über ihre hinter= legten Actien bei der Kasse der Gesellschaft zu präsentiren und gegen Empfang= nahme der Legitimationskarten zur Generalversammlung zu deponiren (s. u.).

Je 10 Actien geben dem Besitzer eine Stimme. Es kann jedoch kein Actionär weder für sich noch in Vertretung anderer Actionäre im Ganzen mehr als 25 Stimmen führen.

Das Stimmrecht von Pflegebefohlenen, Ehefrauen, Handelsgesellschaften,

Instituten und Corporationen kann nur durch ihre gesetzlichen Vertreter aus= geübt werden; alle übrigen Actionäre können durch stimmberechtigte Actionäre vertreten werden.

Die Bevollmächtigung zur Stellvertretung ist spätestens 8 Tage vor dem Zusammentritt der Generalversammlung zur Prüfung bei der Direction ein= zureichen, welche berechtigt ist, eine amtliche oder sonst ihr genügende Be= scheinigung zu verlangen.

Den stimmberechtigten Actionären werden Legitimationskarten mit Angabe der von ihnen vertretenen Actien und der ihnen zustehenden Stimmberechtigung ausgehändigt. Eine Liste aller stimmberechtigten Actionäre mit Angabe ihrer Actien und Stimmberechtigung ist zur Einsicht aller Actionäre während der letzten 3 Tage vor der Generalversammlung in dem Geschäftslocal auszulegen.

§ 25. Die Generalversammlungen werden in . . . . . abgehalten.

§ 26. Die nur von der Generalversammlung zu entscheidenden Gegen= stände sind:

a) die Beschlußfassung über den Geschäftsbericht der Direction;
b) die Beschlußfassung über den Bericht der Prüfungscommission und die Erledigung der von dieser etwa gezogenen Monita, bezw. die Ernennung eines Ausschusses zur Superrevision;
c) die Beschlußfassung über den Bericht der Wohnungscommission;
d) die Ertheilung der Decharge an den Aufsichtsrath, bezw. der Geltend= machung der Verantwortlichkeit der Mitglieder desselben und der Direction gegen die Gesellschaft:
e) die Feststellung der Bilanz und der Jahresdividende;
f) die Wahl der Mitglieder des Aufsichtsraths und von drei Mitgliedern der Wohnungscommission;
g) die Beschlußfassung über anderweite auf die Tagesordnung gesetzte Vor= lagen des Aufsichtsraths, der Direction, der Wohnungscommission oder einzelner Actionäre.

§ 27. Die Generalversammlung hat nur über diejenigen Gegenstände zu beschließen, welche bei der Einberufung auf die Tagesordnung gestellt sind.

Anträge von Actionären, deren Actienbesitz zusammen den 10. Theil des emittirten Grundcapitals bilden, müssen auf die Tagesordnung gesetzt werden; sie müssen aber drei Wochen vor der Generalversammlung schriftlich beim Aufsichtsrath eingereicht worden sein.

§ 28. Den Vorsitz in der Generalversammlung führt der Vorsitzende des Aufsichtsraths oder sein Stellvertreter; er bestimmt die Reihenfolge der zur Berathung stehenden Gegenstände und ernennt die Stimmenzähler.

Die Beschlüsse in der Generalversammlung werden in der Regel mit absoluter Mehrheit der Stimmen gefaßt; bei Stimmengleichheit entscheidet die Stimme des Vorsitzenden.

Eine Majorität von zwei Drittheilen der vertretenen Stimmen ist er= forderlich zum Beschlusse der Abänderung der Statuten, insbesondere der Er= weiterung oder Abänderung des Zwecks der Gesellschaft, der Erhöhung oder Verminderung des Grundcapitals und der Auflösung der Gesellschaft. Bei

Beschlüssen über Abänderung der Statuten muß mindestens der 20. Theil, bei solchen über Auflösung der Gesellschaft mindestens die Hälfte des emittirten Actiencapitals vertreten sein.

Anträge auf Abänderung der Statuten, welche nicht von dem Aufsichts=rathe oder der Directoin, sondern von Actionären eingebracht sind, müssen erst in einer Generalversammlung als zulässig erachtet worden sein, ehe in einer späteren Generalversammlung über sie definitiv beschlossen werden kann.

Auch bei Wahlen ist die absolute Majorität der Stimmen entscheidend. Bei Gleichheit der Stimmen entscheidet hier aber das Loos. Wenn bei Wahlen in der ersten Abstimmung weder absolute Stimmenmehrheit noch Stimmen=gleichheit erzielt wird, so werden die Namen derjenigen, welche die meisten Stimmen haben, in doppelter Anzahl der zu Wählenden, auf die engere Wahl gebracht.

Ueber die Verhandlungen der Generalversammlung ist ein notarielles Protokoll aufzunehmen, welches die Zahl der vertretenen Actien und Stimmen, das Resultat der Verhandlungen und Wahlen, nebst der Angabe der Stimmen=zahlen zu enthalten hat und von dem Vorsitzenden, den Stimmenzählern, den in der Versammlung anwesenden Directoren und Aufsichtsraths=Mitgliedern, sowie von mindestens zwei anderen Actionären zu unterzeichnen ist.

V. Abschnitt.
Bilanz, Gewinn= und Reservefonds.

§ 1. Am 31. December ist die Bilanz für das abgelaufene Kalender=jahr, welches auch das Geschäftsjahr ist, zu ziehen.

§ 2. Bei Aufstellung der Bilanz ist der Werth der Immobilien in seine beiden Hauptbestandtheile zu zerlegen: in den Werth der Baustellen und in den Werth der darauf erbauten Gebäude. Ersterer ist nach dem Durch=schnittszeitwerth der vor der Bilanzaufstellung verflossenen drei Jahre, letzterer nach dem dem Alter und der Bauart der Gebäude zukommenden Zeitwerthe in die Bilanz einzusetzen.

Die vorhandenen Werthpapiere sind nach dem Erwerbungscourse, und wenn der Börsencours am Tage der Bilanzausstellung niedriger als jener ist, nach diesem unter den Activis aufzuführen.

Die Mobilien sind zu ihrem Zeitwerth (wofern dieser niedriger als ihr Anschaffungspreis ist) anzusetzen.

Etwaige Einrichtungs= oder Organisationskosten, worin Baukosten aber nicht begriffen sind, dürfen nicht als Activa vorgetragen, sondern müssen unter die Jahresausgaben gestellt werden.

Als Passiva sind aufzufassen: das emittirte Actiencapital, die Hypotheken= und anderen Schulden, die Depositen, die Cautionen, der Capital=Reservefonds, der Gebäude=Amortisationsfonds und ebenso der Hypotheken=Tilgungsfonds, wenn ein solcher gebildet wird. Die zuletzt genannten drei Fonds können auf die Grundstücke der Gesellschaft hypothecirt werden. (Vergl. auch IV. 8.)

§ 3. Unter den Einnahmen ist der Miethsertrag von den übrigen Einnahmen getrennt ersichtlich zu machen.

6*

Unter den Ausgaben sind gesondert aufzuführen:

a) die Staats= und Communalabgaben von den Grundstücken;
b) die Unterhaltungskosten der Grundstücke und der Zugänge zu denselben;
c) die Gebäudeabschreibungen;
d) die Immobilienversicherung;
e) die Verwaltungskosten;
f) die Hypothekenzinsen sammt Tilgungsannuitäten, die Zinsen auf die Schuldbocumente eigener Ausfertigung;
g) die Beträge für die zur Amortisation ausgelosten Schuldbocumente und die etwaigen Amortisationsentschädigungen.

§ 4. Spätestens im Laufe des Monats März ist die aufgestellte Bilanz nebst einem Geschäftsbericht von der Direction dem Aufsichtsrath vorzulegen. Dieser ernennt zur Prüfung derselben aus seiner Mitte eine aus 2 Mit= gliedern und dem Vorsitzenden bestehende Prüfungscommission, welche sich durch 1 oder 2 besondere Sachverständige, die nicht Actionäre der Gesellschaft zu sein brauchen, verstärken kann. Auf den von dieser Commission erstatteten Bericht beschließt der Aufsichtsrath über die Feststellung der Bilanz und legt dieselbe der Generalversammlung demnächst zur Genehmigung vor. Die Jahresbilanz ist längstens 14 Tage nach Gutheißung der Generalversamm= lung in den Blättern der Gesellschaft bekannt zu machen.

§ 5. Der Reingewinn ergiebt sich aus dem Ueberschuß der Activen über die Passiven.

Von diesem Reingewinn muß der Betrag des Jahresanwachses des Bau= stellenwerths als Capital=Reservefonds zurückgestellt werden. Von dem ver= bleibenden Theil ist ein Betrag von 5 Procent der freien Actien als Ab= schlagsdividende für dieselben vorweg zu nehmen. Der hiernach noch vor= handene Rest wird dann wie folgt vertheilt:

7.0 Procent als Tantième an die Direction.

5.0 „ an die Beamten der Gesellschaft pro rata ihres im verflossenen Geschäftsjahre bezogenen Gehalts.

10.0 „ als Tantième an den Aufsichtsrath.

3.0 „ „ „ an die nicht dem Aufsichtsrath und der Direction angehörigen Mitglieder der Wohnungscommission,

75.0 „ „ Superdividende auf das gesammte emittirte Actien= Capital.

§ 6. Die Auszahlung der Dividende erfolgt spätestens im Monat Mai bei der Kasse der Gesellschaft und den sonst noch bekannt zu machenden Stellen.

§ 7. Die Gewährung einer Tantième an die Mitglieder des ersten Aufsichtsraths unterliegt der Genehmigung der Generalversammlung.

§ 8. Der Capital=Reservefonds ist zur Deckung außerordentlicher Ver= luste der Gesellschaft bestimmt. Der Gebäude=Amortisationsfonds kann eben so wohl zum Neubau alter, als auch zur Erbauung neuer Gebäude ver= wendet werden. Der Hypotheken=Tilgungsfonds ist lediglich zur Hypotheken= tilgung bestimmt. Jeder dieser Fonds wird für sich verwaltet; die Zinsen dieser Fonds werden aber nicht extra verrechnet, sondern fließen den laufen= den Einnahmen der Gesellschaft zu.

VI. Abschnitt.

Auflösung und Liquidation der Gesellschaft.

§ 1. Die Auflösung der Gesellschaft findet, abgesehen von den durch das Gesetz bezeichneten Fällen, nur durch Beschluß einer außerordentlichen und lediglich zu diesem Zwecke berufenen Generalversammlnng statt. In dieser Generalversammlung ist jeder Inhaber einer Actie stimmberechtigt, und es muß in derselben mindestens die Hälfte des emittirten Actiencapals vertreten sein.

§ 2. Sofern eine erste zur Auflösung der Gesellschaft berufene Generalversammlung wegen ungenügender Vertretung des Actiencapitals nicht beschlußfähig sein sollte, wird eine zweite Generalversammlung einberufen, die dann ohne Rücksicht auf die Zahl der vertretenen Stimmen beschlußfähig ist. In der Einladung zur zweiten Generalversammlung ist aber hierauf ausdrücklich hinzuweisen. Der Auflösungsbeschluß kann indeß auch in dieser zweiten Versammlung nur mit Zweidrittel-Majorität gefaßt werden.

§ 3. Nach erfolgtem Auflösungsbeschluß findet die Liquidation in Gemäßheit der gesetzlichen Bestimmungen statt.

Anmerkung. Die im III. Abschnitt genannten Schemata für die Interimsactien, wirklichen Actien, Talons und Dividendenscheine werden nicht mit zum Abdruck gebracht, da sie sich in ihrem Inhalte nur wenig von den entsprechenden Stücken anderer Actiengesellschaften unterscheiden.

––––––––

II

Rentabilitäts-Berechnung.

Erstes Betriebsjahr.

Activa. Debet. | Bilanz mit Einschluß des Gewinn- und Verlustconto's pro 1. Januar 18... | **Passiva Credit.**

	Thlr.	Thlr.		Thlr.	Thlr.
1. Grundstücke.			1. Actiencapital		1.000 000
Baustellen	1.500 000		2. Pfandbrief-Schuld ..		2.500 000
zu: 2% Werthzuwachs	30 000		3. Schuldschein-Schuld .	1.500 000	
		1.530 000	ab: Tilgungsqüote des		
2. Gebäude.			1. Jahres	10 000	
Anschaffungs- oder Ur-					1.490 000
preis	3.500 000		4. Gebäude-Amortisa-		
ab: ½ % Abnutzung .	17 500		tionsfonds		17 500
		3.482 500	5. Capital-Reservefonds .		5 000
3. Baareinnahmen.			6. Baarausgaben d.Jhrs.		
Tarifmäßige Mieth-			I. Fixe Ausgaben.		
zinsen	300 000		a) Staats-Abgaben: 4%		
Aufschlag des 1. Jahres	10 000		von 300 000 Thaler		
		310 000	Nutzungswerth	12 000	
			b) Communal-Abgaben:		
			2⅔% v. 300 000 Thlr.		
			Nutzungswerth	8 000	
			c) Unterhaltungskosten:		
			½% v.3.500 000 Thlr.		
			Gebäudewerth	17 500	
			d) Assecuranz: 1% von		
			3.000 000 Thlr. Gebäu-		
			bewerth ohne Funda-		
			mente	3 000	
			e) Verwaltungskosten: 2p.		
			mille v.5.000 000 Thlr.	10 000	
			f) Zinsen von 2.000 000		
			Thaler Pfand-Briefen		
			à 5%	125 000	
			g) Abschlagsdividende:		
			5% auf 400 000 Thlr.		
			freie Actien	20 000	
			II. Variable Aus-		
			gaben.		
			a) 5½% Zinsen auf		
			1.500 000 Thlr. Schuld-		
			scheine	82 500	
			b) Tilgung der Schuld-		
			scheine, 1. Rate	10 000	
			c) Tilgungs-Prämie =		
			10% der Tilgungs-		
			quote	1 000	
			d) Diverse Spesen und		
			Organisationskosten(im		
			1. Jahre abzuschreiben)	14 340	
			III.Baarrest 6660 Thlr.,		
			wovon		
			¾ als Superdividende		
			auf sämmtliche Actien	5 000	
			¼ zu Tantièmen für die		
			Verwaltung	1 660	
					310 000
		5.322 500			5.322 500

Bilanzen und Contenbewegung

der 15 ersten Betriebsjahre.

Betriebsjahr	**Activa** Baustellen. Thlr.	Gebäude. Thlr.	Jahres-Einnahmen. Tarif-Mäßige Wirthpreise + Aufschläge. Thlr.	Zusammen. Thlr.	Actien-Capital. Thlr.	Pfandbrief-Schuld à 5% Thlr.	Schuld-scheinSchuld à 5½% Thlr.	**Passiva** Gebäude-Amortisationsfonds-Hypothek. Thlr.	Capital-Reservefonds Hypothek. Thlr.	**Jahresausgaben.** fixe. Thlr.	variabel. Thlr.	Baarrest zur Vertheilung; ¾ als S.D. ¼ als Tantième. Thlr.	zusammen. Thlr.	Zusammen. Thlr.
1	1.530 000	3.462 500	310 000	5.322 500	1.000 000	2.500 000	1.490 000	17 500	5 000	195 500	107 840	6 660	310 000	5.322 500
2	1.560 000	3.465 000	320 000	5.345 000	1.000 000	2.500 000	1.465 000	35 000	25 000	195 500	111 170	13 330	320 000	5.345 000
3	1.590 000	3.447 500	330 000	5.367 500	1.000 000	2.500 000	1.435 000	52 500	50 000	195 500	114 500	20 000	330 000	5.367 500
4	1.620 000	3.430 000	340 000	5.390 000	1.000 000	2.500 000	1.400 000	70 000	80 000	195 500	117 900	26 600	340 000	5.390 000
5	1.650 000	3.412 500	350 000	5.412 500	1.000 000	2.500 000	1.360 000	87 500	115 000	195 500	121 200	33 300	350 000	5.412 500
6	1.680 000	3.395 000	360 000	5.435 000	1.000 000	2.500 000	1.315 000	105 000	155 000	195 500	124 500	40 000	360 000	5.435 000
7	1.710 000	3.377 500	370 000	5.457 500	1.000 000	2.500 000	1.265 000	122 500	200 000	195 500	127 900	46 600	370 000	5.457 500
8	1.740 000	3.360 000	380 000	5.480 000	1.000 000	2.500 000	1.210 000	140 000	250 000	195 500	131 200	53 300	380 000	5.480 000
9	1.770 000	3.342 500	390 000	5.502 500	1.000 000	2.500 000	1.150 000	157 500	305 000	195 500	134 500	60 000	390 000	5.502 500
10	1.800 000	3.325 000	400 000	5.525 000	1.000 000	2.500 000	1.085 000	175 000	365 000	195 500	137 900	66 600	400 000	5.525 000
11	1.830 000	3.307 500	400 000	5.537 500	1.000 000	2.500 000	1.015 000	192 500	430 000	195 500	137 900	66 600	400 000	5.537 500
12	1.860 000	3.290 000	400 000	5.550 000	1.000 000	2.500 000	941 000	210 000	499 000	195 500	137 900	66 600	400 000	5.550 000
13	1.890 000	3.272 500	400 000	5.562 500	1.000 000	2.500 000	863 000	227 500	572 000	195 500	137 900	66 600	400 000	5.562 500
14	1.920 000	3.255 000	400 000	5.575 000	1.000 000	2.500 000	781 000	245 000	649 000	195 500	137 900	66 600	400 000	5.575 000
15	1.950 000	3.237 500	400 000	5.587 500	1.000 000	2.500 000	695 000	262 500	740 000	195 500	137 900	66 600	400 000	5.587 500

Erläuterungen zur Rentabilitäts-Berechnung.

Niemand zweifelt daran, sondern Jedermann weiß es, daß Gesell= schaften, welche Baustellen=Kauf= und Verkauf=, Häuserbau= und Häuser= verkauf=, Grundcredit= und Sparbank=Geschäfte betreiben, bei guter Leitung außerordentlich gewinnbringend sind. Da die projectirte Miether=Actiengesell= schaft dergleichen Geschäfte mit in ihren Wirkungskreis ziehen muß und ihren Statuten nach zu ziehen hat, so werden sie auch für diese eine reichlich und stetig fließende Quelle von Einkünften werden. Anders steht es mit der Rentabilität des eigentlichen Hauptgeschäfts der Gesellschaft, desjenigen nämlich: den Actionären derselben preiswürdige, unkündbare und von einem fest bestimmten Zeitpunkt ab unsteigerbare Wohnungen zu verschaffen. Dieser Geschäftszweig ist neu; es liegt also Dem, der ihn in's Leben einführen will, die Verpflichtung ob, nicht nur dessen Lebensfähigkeit, sondern auch dessen Rentabilität und Entwickelungsfähigkeit, an der Hand leicht controlirbarer Daten, zu beweisen.

Aus dem Statutenentwurf, insbesondere aus dem dritten, von den Actionären handelnden Abschnitt geht hervor, welche Rechte diesen gewährt werden sollen, und welche Pflichten sie dagegen zu übernehmen haben. Nicht minder geht aus dem Prospect selbst hervor, daß, um den Miethern den Segen des Bewohnens preiswürdiger, unkündbarer und unsteigerbarer Woh= nungen zu verschaffen, die Miether selbst die Besitzer der Häuser werden müssen, in welchen sie wohnen.

Nehmen wir nun, der Rechnungseinfachheit wegen, an, es haben sich 1000 Miether mit einem Durchschnitts=Wohnungsbedarf von pp. 300 Thlr. Miethpreis zusammengefunden, um sich jene Wohlthaten zu verschaffen. Sie werden zuerst eine Anzahl Häuser kaufen müssen. Sagen wir, gleichfalls um die Rechnung zu vereinfachen, 100 Häuser zu je 10 Wohnungen à 300 Thlr. Da die Miethe mindestens 6procentige Rente des Ankauf= oder Baucapitals repräsentiren soll, so sei der Preis eines solchen Hauses 50,000 Thlr., der von hundert Häusern 5,000,000 Thlr.

Die gesammte jährliche Einnahme aus den Miethen beträgt, bei Zu= grundelegung der Tarifpreise 300,000. Die Aufgabe ist nun, auf Grund dieser Einnahme, die wir als eine stetige und nicht durch Leerstehen von Woh= nungen oder Zahlungsrückstände verkürzte betrachten, die betreffenden Häuser für die Miether zu erwerben und letztere in den Stand zu setzen, sie zu behalten.

Zu diesem Behufe müssen die Miether eine Actiengesellschaft bilden, oder sie müssen sich bei einer solchen, von Dritten zu gedachtem Zwecke in's Leben gerufenen, betheiligen, und zwar muß der einzelne Miether (da jeder einer Wohnung im Durchschnittspreis von 300 Thlr. bedarf), wie das Statut besagt, 6 Stück Actien à 100 Thlr. erwerben. Ob er sie sofort oder all= mählich einzahlt, ist eine secundäre, hier nicht weiter in Betracht kommende Frage. Durch sämmtliche 1000 Miether sind also mindestens 6000 Stück Actien à 100 Thlr., in Summa 600,000 Thlr. gezeichnet und entweder sofort oder ratenweise eingezahlt. Die Vortheile, welche die Gesellschaft dar= bietet, sind so bedeutende, daß erwartet werden kann, es werde ein zur Zeich=

nung aufgelegtes Capital von 1,000,000 Thlr. voll gezeichnet werden. Diese Erwartung geht unserer Voraussetzung nach in Erfüllung. Die Actiengesell=schaft constituirt sich demnach in Gemäßheit des oben mitgetheilten oder eines ähnlichen Statuts; die Actien in den Händen der Miether bilden darin — was sehr wichtig ist — die Majorität.

Allmählich und vorsichtig werden die 100 Häuser zum Preise von 5 Mil=lionen Thlr. erworben und die eingezahlte Eine Million Thlr. zunächst hierauf angezahlt. In den 1000 Wohnungen dieser Häuser können freilich erst 1000 Actionäre, welche 600,000 Thlr. Actiencapital besitzen, untergebracht werden; es müssen sich also die Besitzer der übrigen 400,000 Thlr. Actien=capital gedulden, bis auch für sie Wohnungen, sei es in jenen 100 oder in neuen Häusern frei werden. Es ist nur billig, daß ihnen für den Nachtheil des Wartens ein Vortheil auf ihre Actien eingeräumt werde, darin bestehend, daß letztere, die sogenannten „freien Actien", einen Dividendenvorzug von 5 Procent vor den in den Händen der mit Wohnung versorgten Actionäre befindlichen, sogenannten „Mietheractien" genießen.

Für die Deckung der übrigen Kaufgelder der Häuser wird in folgender Weise gesorgt:

Die Gesellschaft emittirt entweder selbst auf den Namen lautende, oder erwirbt von einer Hypotheken=Creditbank 2½ Millionen Thlr. auf den In=haber lautende, unkündbare und unamortisirbare Pfandbriefe zu 5 Procent gegen Verpfändung der ersten Stelle ihrer Grundstücke, welche bei 50 Procent des Grundstückswerths ausgeht. Außerdem creirt die Gesellschaft für 1½ Million Thlr. kündbare, 5½procentige Schuldscheine mit progressiver Amortisation, die schon im 1. Jahr mit 10,000 Thlr. beginnt, im 2. auf 25,000 Thlr. springt und von da ab mit jedem Jahr um 5000 Thlr. wächst, bis ½ Million Thlr. getilgt sind. Vom 11. Jahre an beträgt die jährliche Progression nur noch 4000 Thlr. Die Gesellschaft gewährt außer=dem auf jeden dieser Schuldscheine bei der durch's Loos zu bestimmenden Amortisation eine Amortisationsentschädigung von 10 Thlr. Bei so rascher und ansehnlicher Tilgung ist schon in 11 Jahren die Baarheimzahlung einer halben Million Thlr., in 17 Jahren die einer Million und in 21 Jahren die einer und einer halben Million Thlr. jener Schuldscheine erfolgt. Es ist mehr als wahrscheinlich, daß die Gesellschaft Abnehmer für solchermaßen fundirte und rasch zu amortisirende Schuldscheine finden werde. Gefährdet sind dieselben in keiner Weise, da sie ja die Stelle von 6 bis 8 Zehntel des Grundstückswerths einnehmen und diese Stelle sich jedes Jahr sowohl durch die Tilgungen, als auch durch den Bodenwerth=Zuwachs ansehnlich ver=bessert. Gleichwohl muß die Tilgung mindestens bis zu $\frac{7}{10}$ des Grund=stückwerths rasch und energisch betrieben werden, damit die Gesellschaft unter allen Umständen einer wenn auch nicht wahrscheinlichen, doch immerhin mög=lichen Häuser= und Grundcredit=Krisis gewachsen sei.

So viel über den Ankauf der Häuser. Jetzt handelt es sich darum, sie im Besitze der Miether zu erhalten und diesen möglichst billige Wohnungen darin zu gewähren.

Die Billigkeit der Wohnungen hat ihre Grenze bei den Selbstkosten derselben. Letztere setzen sich offenbar aus folgenden Elementen zusammen:

1. Die Verzinsung des gesammten Häuser-Erwerbungscapitals; es besteht:
a) aus 2½ Million Thlr. Pfandbriefen à 5 Procent,
b) aus 1½ Million Thlr. Schuldscheinen à 5½ Procent,
c) aus 400,000 Thlr. Actiencapital der sogenannten freien, oder noch nicht im Besitz von Wohnungen befindlichen Actionäre, worauf 5 Procent Abschlagsdividende vorweg gehen,
d) 600,000 Thlr. Actiencapital der schon im Besitz von Wohnungen befindlichen, sogenannten Mietheractionäre, das gleichfalls Anspruch auf 5 Procent Zinsen hat.
Die Summe dieser Zinsen beträgt 257,500 Thlr. jährlich.

2. Die Unterhaltungskosten der Gebäude; hierbei ist der Baugrund oder die Baustelle von den Gebäuden zu unterscheiden. Erstere bedarf keiner Unterhaltungskosten, nur letztere, und zwar richtet sich deren Höhe nach dem Alter, der Art und Benutzung der Gebäude. Die Baustellen werden zu 30 Procent, die Baulichkeiten darauf zu 70 Procent des An-kaufspreises der Grundstücke angenommen. Die Unterhaltungskosten städtischer Baulichkeiten, wie wir sie im Auge haben, betragen ½ Procent des Werths derselben, für 1 Gebäude also jährlich 175 Thlr., für 100 Ge-bäude 17,500 Thlr.

3. Die Assecuranz; sie erstreckt sich nur auf den Bauwerth excl. Fundamente, und beträgt gleichfalls 1 pro mille desselben, in unserem Falle also 30 Thlr. per Gebäude oder 3000 Thlr. für 100 Gebäude.

4. Die Staatsabgaben; sie betragen 4 Procent des Nutzungswerths, welcher 3000 Thlr. für 1 Gebäude, 300,000 Thlr. für 100 Gebäude ist. Die Aufschläge auf die Tarifpreise sind nicht als Nutzungswerthe anzusehen und können deshalb kein Gebäudesteuer-Object bilden.

5. Die Communalabgaben; sie betragen 2⅔ Procent vom Mieths-ertrag, welcher identisch ist mit dem Nutzungswerth.

6. Die Gebäudeamortisation oder Abschreibung; sie wird in Großstädten fast durchgängig unterlassen. Mit Recht und mit Unrecht. Wie schon erwähnt, besteht jedes Gebäude aus zwei ganz bestimmten Be-standtheilen, der Baustelle und dem Bauwerke. Jene erfährt in Groß-städten nicht nur keine Abminderung, sondern sogar einen sehr erheblichen Zuwachs durch das Steigen der Bodenrente im Allgemeinen. Dagegen unterliegt das Bauwerk dort wie überall einer allmählichen Zerstörung. Erfahrungsmäßig beträgt von Gebäuden, wie sie hier in Rede stehen, die jährliche Abnutzung ½ Procent, und soviel ist von dem Baulichkeitswerthe abzuschreiben. Dagegen ist der Zuwachs zum Werth der Baustelle ein viel erheblicherer; in Berlin beträgt er weit über 3 Procent p. a. Es ist deshalb gerechtfertigt, sowohl jene Abschreibung als auch diese Zuschreibung vorzunehmen. Da man letztere aber nicht auszahlen kann, so lange man im Besitze des betreffenden Grundstücks ist, so unterbleibt gewöhnlich die Abschreibung wie die Zuschreibung. Correct verfährt namentlich eine Actiengesellschaft, wenn sie in jedem Jahre richtig abschreibt, hingegen auch die Zuschreibung bewirkt, und zwar indem sie den entsprechenden Zuwachs-theil des Grundstücks als Capital-Reservefonds-Hypothek bucht. In der

That bildet der wachsende Werth des Grundes und Bodens die denkbar beste Reserve.

7. Die allgemeinen Verwaltungskosten müssen gleichfalls noch in Betracht gezogen werden; es ist hier mit 2 pro mille des gesammten Grundstückswerths, also mit 100 Thlr. pro Grundstück à 50,000 Thlr., mit 10,000 Thlr. für sämmtliche Grundstücke geschehen.

Sämmtliche Jahresausgaben betragen hiernach 308,000 Thlr., wobei keine Rücksicht auf die Gebäudeamortisation genommen ist, weil diese — der Annahme zufolge — durch den Baustellenwerth=Zuwachs mehr als compensirt wird. Der durchschnittliche Selbstkostenpreis einer Wohnung berechnet sich auf 308 Thlr. Der Tarifpreis der Wohnungen bleibt, wie ersichtlich, noch um eine Kleinigkeit hinter dem Selbstkostenpreis zurück, wofür die Gründe alsbald mitgetheilt werden sollen.

Es ist nun die Frage, welche baare Einnahmen stehen den baaren Ausgaben gegenüber?

Zunächst keine anderen, als die tarifmäßigen Miethen, deren Summe 300,000 Thlr. beträgt. Diese reichen noch nicht einmal zur Deckung der jährlichen Selbstkosten aus, geschweige zu der so nöthigen raschen und ener= gischen Tilgung eines ansehnlichen Theils der Schuldschein=Schuld. Für beides müssen die Mittel beschafft werden und zwar von Denen, welche den nächsten und größten Vortheil von der Erhaltung der Häuser und der billigen Woh= nungen haben. Das sind die Miether. Die geeignetsten Wege der Beschaffung sind: 1. geringfügige Aufschläge auf die Miethen solange bis $1/2$ Million jener Schuld getilgt ist und dann das geliehene fremde Capital auf den Grundstücken der Gesellschaft nur noch $7/10$ beträgt; 2. partieller, mit den Jahren aber abnehmender Verzicht auf die Verzinsung des Actiencapitals seitens der Mietheractionäre. Letztere dürfen nämlich nicht vergessen, daß sie die Dividende auf ihre Actien, soweit sie lediglich aus dem Miethsgeschäft der Gesellschaft fließt, sich selbst geben und daß sie fast um den ganzen Betrag dieser Dividende billiger wohnen, auf welche sie keinen Anspruch machen.

Nicht so liegt der Fall gegenüber den freien Actionären; diese haben noch keine Wohnungen, sie sind gleichsam die Gläubiger der Mietheractionäre, die Verzinsung ihres Actiencapitals mit wenigstens 5 Procent ist eine absolute Nothwendigkeit. Werden sämmtliche Ausgaben ihrer Natur nach in fixe, sich regelmäßig in gleicher Höhe wiederholende und in variable, von Jahr zu Jahr sich ändernde, eingetheilt, so müssen die Zinsen für die freien Actien als fünf= procentige Abschlagsdividende unter die feststehenden Ausgaben aufgenommen werden, was in den Bilanzen auch geschehen ist, während die Superdividende, an welcher sämmtliche Actien theil haben, unter die variablen Ausgaben zu stellen ist.

Bei der Hintansetzung der fünfprocentigen Verzinsung des Miether= Actiencapitals von 600,000 Thlrn. einerseits und eines Aufschlags von $3^1/_3$ Procent auf den Tarifpreis der Wohnungen andererseits, stellen sich schon im ersten Jahre des Geschäftsbetriebes 310,000 Thlr. Einnahme gegen 278,000 Thlr. Ausgabe. Aus der Differenz von 32,000 Thlrn. können nun sowohl die dem Handelsgesetze nach gleich im 1. Jahre abzuschreibenden Organisations= kosten gedeckt, als auch eine erste Tilgungsrate von 10,000 Thlrn., nebst 1000 Thlrn. Amortisationsentschädigung abgeführt, der Rest aber als Super=

dividende auf sämmtliche Actien vertheilt werden, die freilich in diesem Jahre noch nicht sehr groß ist. Im zweiten Jahre sind die Einnahmen durch die abdirten Aufschläge um 10,000 Thlr. gewachsen, die Ausgaben dagegen um die Zinsen geringer geworden, welche auf den Tilgebetrag des 1. Jahres entfielen. Da im 2. Jahr Organisationskosten nicht mehr zu bestreiten sind, so kann die Tilgungs= rate weit stärker gegriffen werden. Je beträchtlicher diese Raten sind, desto mehr sinken die Ausgaben für Zinsen auf 5$\frac{1}{2}$ procentige Schuldschein=Schuld. Es stehen also im 2. Jahre 320,000 Thlr. Einnahmen 277,090 Thlrn. Ausgaben excl. Zinsen auf Mietheractien gegenüber. Aus dem Ueberschuß von 42,550 Thlr. können 25,000 Thlr. Schuldschein=Schuld getilgt, 2500 Thlr. Amortisationsprämie hierauf geleistet, 10,000 Thlr. = 1 Procent Superdividende auf sämmtliche Actien vertheilt und 3330 Thlr. Tantième für die Verwaltung gezahlt werden. Das Opfer der Mietheractionäre, wenn anders von einem solchen bei so billigen Wohnungen die Rede sein kann, be= trägt also nicht mehr 5, sondern nur noch 4 Procent.

Bei der fortgesetzten Erhöhung der Aufschläge um 3$\frac{1}{3}$ Procent des Tarifpreises pro Jahr betragen die Einnahmen des dritten Jahres 330,000 Thlr., wogegen sich die Ausgaben excl. Tilgung und Zinsen auf Mietheractien auf 276,075 Thlr. gemindert haben. Angesichts des Ueberschusses von 53,925 Thlr. kann die Tilgung mit Amortisationsentschädigung schon 33,000 Thlr., die Superdividende 15,000 = 1$\frac{1}{2}$ Procent betragen.

Und so wachsen die Einnahmen von Jahr zu Jahr bis zum 10. Jahre, während die Ausgaben bis dahin stetig geringer werden, so daß ein immer größerer Ueberschuß verbleibt, die Tilgungsquote immer größer gegriffen werden, die Superdividende im 10. Jahre bis auf 5 Procent steigen kann und die Mietheractionäre nun eine 5 procentige Rente von ihrem Actiencapital genießen.

Hinsichtlich der Aufschläge ist noch zu sagen, daß sie gewißermaßen die eine der Pforten sind, durch welche der Weg zu den unsteigerbaren Wohnungen der Mietheractionäre führt. Die andere ist die Hinterlegung der Actien sammt Talons und Dividendenscheinen und der nur kurze Zeit dauernde, all= mählich sich vermindernde Verzicht auf einen Theil der Rente des Actien= capitales. Jeder, welcher jene Gunst genießen will, muß beide Pforten passiren, gleichviel wann er sie passirt. Der Zoll, der von sämmtlichen 1000 Mietheractionären beim Durchgang durch die erste Pforte in 10 Jahren ent= richtet wird, ist nicht unbedeutend; er beträgt in Summa 550,000 Thlr., wird aber durch die Art seiner Verwendung, bei weitem zum größten Theil im eigenen Nutzen des Miethers angesammelt. Denn es werden daraus hauptsächlich die Tilgebeträge und Amortisationsentschädigungen bestritten. In 10 Jahren sind hierfür 456,500 Thlr. verausgabt.

An Dividende ist in 10 Jahren gewährt worden:

1. 5 Procent Abschlagsdividende auf 400,000 Thlr. freie Actien = 200,000 Thlr.
2. Superdividende auf diese Actien . . . . . . = 110,000 „
3. Dividende auf 600,000 Thlr. Mietheractien . . . = 165,000 „

Summa 475,000 Thlr.

d. h. mit anderen Worten: Jede freie Actie erhielt durchschnittlich $7^3/_4$, jede Mietheractie $2^3/_4 \%$ Dividende p. a. Außerdem wurden durch den Ueberschuß des Baustellenwerth-Zuwachses über den Gebäudeabnutzungs-Betrag noch 125,000 Thlr. angesammelt, so daß, weil sich das Vermögen der Gesellschaft in 10 Jahren um mindestens 54% gehoben hat, auch der reelle innere Vermögens= werth jeder einzelnen Actie in dieser Zeit von 100 auf 154 Thlr. gestiegen ist.

Werden sämmtliche Aufschläge der ersten 10 Jahre zu sämmtlichen Miethen dieser Zeit gerechnet, so erhält man eine Summe von 3.550,000 Thlr.; der 10jährige Durchschnitt hiervon ist 355 Thlr. und dies würde der Durchschnittspreis einer Wohnung gewesen sein, wenn sowohl die Ein= nahme, als auch der partielle Verzicht auf Dividende von den Mietheractien außer Rechnung bleibt.

Sowohl den freien, als auch den Mietheractien wohnt die schätzenswerthe Eigenschaft bei, auf Grundbesitz fundirt zu sein. Bei der raschen Tilgung der Schuldschein=Schuld verbessert sich die Stelle der letzten Hypotheken, welche von dem Actiencapital eingenommen werden, mit jeder neuen Tilgungsrate. Will die Gesellschaft diese Stelle nicht verändern, was unter Umständen aus Rück= sicht für die freien Actionäre empfehlenswerth sein mag, so kann sie für die durch die Tilgung frei werdenden Stellen neue Schuldscheine ausgeben, die hierfür erhaltenen Baarmittel auf den Ankauf neuer Häuser verwenden und darin den Actionären, die noch keine Wohnungen haben, solche gewähren.

Sie wäre unter dieser Modification im Stande, aus ihren eigenen Mit= teln im Laufe der ersten 10 Jahre die Häuser für ca. 100 Wohnungen à 300 Thlr. Tarifpreis zu beschaffen und voll zu bezahlen. Würde sie diese Häuser auch gegen Anzahlung von nur $^1/_5$ der Kaufsumme erlangen, so könnte sie natürlich mit den verfügbaren Mitteln fünf Mal so viel Häuser kaufen und fünf Mal so viel Wohnungen darbieten, d. h. also beinahe genug, um lediglich aus genannten Mitteln sämmtliche noch freie Actionäre gleichfalls im Laufe der Aufschlagsperiode mit Wohnungen in den Gesellschafts=Grund= stücken zu versorgen. Mehr als genug aber, weil ja durch die neuen Miether auch die Einnahmen aus den tarifmäßigen Miethpreisen und den Aufschlägen darauf wachsen, während die Ausgaben sich gleichzeitig vermindern. Denn je mehr bisher freie Actionäre zu Mietheractionären werden, desto mehr ver= ringert sich die Ausgabe für die den ersteren zu gewährende Abschlags= dividende.

Begreiflicherweise läßt sich auch diese soeben angedeutete Combination rechnerisch darstellen. Indessen die Annahme ist wohl zulässig, und in den englischen building societies findet sie im größten Maßstabe ihre Bestätigung, daß es genug Capitalisten giebt, die durch ihre Betheiligung bei einer Miether= Actiengesellschaft nicht eine Wohnung, sondern eine sichere und rentable Capital= anlage erstreben. Das so hoch ausgebildete und in seinen Erfolgen so glän= zende System jener englischen Gesellschaften beruht ja einzig und allein auf der Harmonie der Interessen der Creditgeber und Creditnehmer, oder auf dem obligatorischen Sparen einerseits und dem obligatorischen Tilgen der Hypo= thekenschulden derjenigen Häuser andererseits, welche mit den Spareinlagen gebaut bezw. gekauft wurden. Abgesehen hiervon ist aber auch deshalb der Combi= nation mit rascher, wirklicher Tilgung der Vorzug vor jener anderen Combi=

nation zu geben, weil sie der Gesellschaft sehr bald über die Klippen jeder, aus einer Grundcredit= oder Häuserkrisis möglicherweise hervorgehenden Gefahr hinweghilft, und weil eine erste Miether=Actiengesellschaft nur bei äußerst solidem und vorsichtigem Vorgehen Abnehmer für ihre Creditpapiere finden dürfte. Eins darf allerdings nie außer Betracht gelassen werden: Die freien Actionäre dürfen zu keiner Zeit die Majorität der Gesellschaft bilden. Wohl= überlegter Weise ist in dem mitgetheilten Statutenentwurf das Verhältniß der Mietheractionäre zu den freien wie 6:4 angenommen und ist ersteren das Uebergewicht in der Verwaltung zugetheilt worden. Wäre es umgekehrt, so würden die freien Actionäre, die vorläufig ja nur ein Capital= und noch kein Wohnungsinteresse an der Gesellschaft haben, die Majorität bilden und unwill= kürlich bald Zustände herbeiführen, die sich nicht allzusehr von denjenigen der gewerbmäßigen Wohnungsvermiethung unterscheiden dürften. Je mehr Actien die Miether selbst besitzen, desto sicherer und wohlfeiler werden sie wohnen.

Welche Combination man auch für die Realisirung des geschilderten Projectes wähle, immerhin dürfte nunmehr dargelegt sein, daß es in nicht geringem Grade der Lösung des Problems nahe kommt, welches im Eingang aufgestellt wurde und dahin lautet: den Actionären einer Miether=Actienge= sellschaft preiswürdige, unkündbare und von einem gewissen Zeitpunkt unsteiger= bare Wohnungen zu verschaffen und die Gesammtheit dieser Actionäre zu den Besitzern der Häuser zu machen, in welchen sie wohnen.

Auf Grund vorstehender Erläuterungen wird die vorausgeschickte Ren= tabilitätsrechnung leicht verstanden werden; die des 1. Jahres ist genau so, wie sie unter den angenommenen Verhältnissen in Wirklichkeit aufgemacht werden müßte, wenn man Bilanz und Gewinn= und Verlustconto zusammen= zieht, was sich bei so einfachen Verhältnissen nur empfiehlt; dagegen enthält die Tabelle, welche die Contenbewegung der ersten 15 Jahre veranschaulicht, nur die Hauptzahlen der entsprechenden Jahresbilanzen. Der Darstellung liegt diejenige Combination zu Grunde, welche von der Voraussetzung der Rück= zahlung der Schuldschein=Schuld, ohne Ausgabe neuer Schuldscheine, ausgeht. Die Umwandlung der Bilanzen für die Modalität der Nichtverminderung der Schuldschein=Schuld und der Vermehrung der Häuser und Wohnungen aus den Ueberschüssen der Einnahmen über die Ausgaben ist von jedem Sachver= ständigen leicht vorzunehmen. Wir haben geglaubt, es mit der einen genug sein lassen zu müssen.

Schließlich wird die Bemerkung nicht überflüssig gefunden werden, daß zu dem aus dem Wohnungsvermiethungs=Geschäft der Gesellschaft allein schon resultirenden, ansehnlichen Gewinne auch noch der Nutzen aus den übrigen Geschäften hinzutritt, und daß in Folge dessen sämmtliche Gewinne ihres Ge= schäftsbetriebs unzweifelhaft dazu beitragen werden, die Miether=Actiengesell= schaften zu den nützlichsten und rentabelsten Unternehmungen der Neuzeit zu machen. Nichts hindert, daß sie, als auf das Princip der Gegenseitigkeit basirte Institute, sich in gleicher Weise wie die großen Gegenseitigkeits=Versicherungs= institute entwickeln, worin u. A. in den Gothaer Lebens= und Feuer=Ver= sicherungsbanken die glänzendsten und nachahmungswürdigsten Vorbilder ge= geben sind.

III.

Berliner Mieths-Kontrakt,

als Beweisstück des Wohnungsfeudalismus und der Miethstyrannei.

Von den Unterschriebenen ist heute nachstehender Kontrakt verabredet und geschlossen worden:

§ 1. Es vermiethet d
an d
eine in dem Hause
befindliche Wohnung, bestehend aus:

Saal	Küche	Wagen=Remise
Entree	Keller Nr.	Garten
Stube	Bodenraum Nr.	Garten=Promenade
Kammer	Laden	Mitgebrauch des Waschhauses
Alkoven	Pferdestall	Mitgebrauch des Trockenbodens

vom ten 187 bis zum ten 18 , also auf
Jahr Monat, für eine jährliche monatliche Miethe von Thlr.
Sgr. Pf., buchstäblich:

§ 2. Miether verpflichtet sich, die Miethe incl. der häuslichen Neben=
abgaben vierteljährlich monatlich numerando am ten Tage des Quar=
tals Monats, und wenn derselbe auf einen Sonn= oder Festtag fällt, am
Werktage vorher, in den Stunden von Morgens bis Abends Uhr, dem
Vermiether in seiner hiesigen Wohnung prompt und richtig zu bezahlen, und
zwar:

	Thlr.	Sgr.	Pf.
an Miethe	Thlr.	Sgr.	Pf.
an Schornsteinfeger= und Müllgeld	=	=	=
für Flur= und Treppenbeleuchtung	=	=	=
für die Wasserleitung	=	=	=
für den Portier	=	=	=
zusammen	Thlr.	Sgr.	Pf.

Die verabsäumte oder nicht vollständige Bezahlung der Miethe und der
häuslichen Nebenabgaben am festgesetzten Tage hebt diesen Kontrakt vollständig
auf, so daß Miether auf Verlangen des Vermiethers die Wohnung ohne
vorausgegangene Kündigung, bei Vermeidung der Exmission, sofort räumen
muß; der Miether ist aber in diesem Falle verpflichtet, noch vor der Räumung
die volle Miethe für die Dauer des Kontraktes zu bezahlen.

§ 3. Die Wohnung soll dem Miether in gutem und bewohnbarem
Zustande, mit ganzen Thüren, Schlössern und dazu gehörigen Schlüsseln,
mit ganzen Oefen, Feuerheerden, Kochmaschinen, Decken, Wänden, Fußböden,
Tapeten und Fenstern, sowie den zu derselben gehörigen Klingelzügen, Gar=
dinen=Eisen, Kronen= und Spiegelhaken übergeben werden. Durch Uebernahme
der Wohnung ohne Vorbehalt erkennt der Miether die gute Eigenschaft der=
selben an und verpflichtet sich, dieselbe nebst Zubehörungen nicht nur in diesem
Zustande zu erhalten, sondern auch bei der Räumung unbeschädigt zurückzu=
liefern und die Befestigungsmittel, als: Nägel, Haken, Schrauben u. s. w. in
Mauern und Holzwerk zu belassen oder die dadurch beschädigten Wände,
Tapeten und Dielen auf Verlangen des Vermiethers in den früheren guten
Zustand wieder herzustellen. Die durch Benutzung der Wohnung in ihren
einzelnen Theilen nothwendig gewordenen Reparaturen hat Miether auf eigene
Kosten zu bewirken. Das jährliche Ausschmieren der Oefen und Feuerheerde,
sowie die erforderliche Reinigung der Kochmaschinen läßt Vermiether auf Kosten
des Miethers bewirken.

§ 4. Bauliche Veränderungen und Einrichtungen in den vermietheten
Räumen dürfen ohne schriftlich ertheilte Genehmigung des Vermiethers nicht
vorgenommen werden. Sind solche aber in Folge der ertheilten schriftlichen
Genehmigung ausgeführt worden, so verbleiben sie, sowie alle von dem Miether
angebrachten Verbesserungen, z. B. Schlösser, Klingel und deren Züge, Dop=
pelthüren, Tapeten u. dgl. m., der Wohnung resp. dem Vermiether, ohne daß
der Miether eine Entschädigung beanspruchen kann. Dem Vermiether steht
aber das Recht zu, die Wiederherstellung des vorigen Zustandes der Wohnung
auf Kosten des Miethers zu verlangen oder auf dessen Kosten wieder herstellen
zu lassen.

§ 5. Miether muß sich die vom Vermiether für nothwendig oder zweck=
mäßig erachteten baulichen Veränderungen und Reparaturen im und am
Hause, wozu auch das Abputzen des letzteren gehört, zu jeder Zeit ohne Ent=
schädigung gefallen lassen, sie mögen für ihn störend sein oder nicht. Etwaige
Feuchtigkeit, Stocken, Rauchen, Ungeziefer in der Wohnung oder Grund=
wasser im Keller giebt dem Miether kein Recht, einen Abzug an der Miethe
zu machen oder eine Entschädigung zu verlangen, vielmehr ist derselbe ver=
pflichtet, die Wohnung gehörig lüften und heizen zu lassen, damit dieselbe
möglichst conservirt werde. Auch trägt der Miether den durch Hagelschlag,
Sturm und andere unabwendbare Naturereignisse der Wohnung und insbe=
sondere den Fenstern zugefügten Schaden, und die zerbrochenen Scheiben
müssen sofort durch neue von gleichem Glase ersetzt werden.

§ 6. Die Wohnung hat Wasser durch die öffentliche Wasserleitung.
Der Miether darf dieses Wasser nur zu seinem eigenen Bedarf gebrauchen
und niemals an Andere abgeben. Auch bei dem Gebrauch darf dasselbe nicht
verschwendet, sondern nur so weit, als es der Zweck erfordert, benutzt werden.
Namentlich darf der Hahn der Leitung nicht zwecklos oder zu früh geöffnet
und gleich nach dem Ablassen des erforderlichen Wassers muß er vorsichtig
wieder geschlossen werden, und das Ausgußbecken, in welches keine übelriechen=
den Stoffe geschüttet werden dürfen, stets vor Ueberfüllung oder gar vor Ver=
stopfung bewahrt, sowie der Raum unter demselben stets trocken gehalten

werden, eine dennoch eintretende Verstopfung aber hat der Miether sofort auf seine Kosten zu beseitigen und bevor dies geschehen, darf die Wasserleitung und der Ausguß nicht mehr gebraucht werden. Dieser Gebrauch fällt auch dann fort, wenn der Vermiether bei Frostwetter denselben zu untersagen sich genöthigt sieht. — Wenn dem Miether ein Mißbrauch der Wasserleitung nachgewiesen werden kann, so ist er verpflichtet, die von der Gesellschaft der Berliner Wasserwerke darauf gesetzte Conventional-Strafe, welche bis auf 30 Thlr. steigt, zu tragen. Dem Vermiether und den Beamten der Wasser- leitung muß der Zutritt zu den Räumen, in welchen die Wasserröhren nebst Zubehör angebracht sind, zu jeder Zeit gestattet werden. — Wenn die Wasserleitung durch irgend einen Umstand unterbrochen oder auf einige Zeit entzogen wird, kann der Miether, selbst wenn er sie zu seinem Gewerbe braucht, keinen Abzug von dem Kostenbeitrage oder einen Anspruch auf Ent- schädigung machen, und wenn der Miether oder diejenigen Personen, welche er in seiner Wohnung aufgenommen hat, an der Unterbrechung oder Ent- ziehung durch Absicht oder Unvorsichtigkeit schuld ist, so muß er auch für allen sonst erweislichen Schaden dem Vermiether aufkommen, namentlich aber wenn durch Fahrlässigkeit beim Gebrauch der Wasserleitung ein Ueberlaufen des Ausgußbeckens oder gar eine Ueberschwemmung durch unterlassenes Schließen des Hahnes stattgefunden hat, ist der Miether zum vollen Schaden- ersatz verpflichtet. — Alle innerhalb der Wohnung des Miethers an der Wasserleitung und namentlich an den Hähnen nothwendig gewordenen Repa- raturen hat derselbe auf seine Kosten zu bewirken. — Die Verletzung der vorstehenden Bedingungen berechtigt den Vermiether, die Zuleitung des Wassers dem Miether zu entziehen.

§ 7. Es darf Miether kein anderes Gewerbe in der Wohnung be- treiben, als das er dem Vermiether angegeben hat, und ebenso muß die An- gabe der mit ihm ziehenden Angehörigen und Inlieger und deren Gewerbe wahrheitsgemäß sein und darnach der vorschriftsmäßige Anmeldezettel auf- genommen werden; im Hintergehungsfalle ist Vermiether berechtigt, die Besitz- nahme der Wohnung zu verweigern oder die Räumung sogleich und ohne Kündigung gerichtlich nachzusuchen und die in § 2 stipulirte Entschädigung zu verlangen. — Vom   bis zum findet keine Flur= und Treppenbeleuchtung statt.

§ 8. Chambre=garnie und Aftervermiethungen können nur nach schriftlich ertheilter Genehmigung des Vermiethers stattfinden, ebenso bedarf es der schriftlichen Einwilligung des Vermiethers, um Inlieger oder Schlafleute halten zu können. — Dieser Contract gilt nur für die angegebenen Personen. — Sollte das Grundstück während der Dauer dieses Contractes mit einer Steuer belastet oder der Preis für die Wasserleitung erhöht werden, so verpflichtet sich der Miether, dieselbe nach Verhältniß seiner Miethe pro rata zu tragen.

§. 9. Zur Erhaltung der gemeinschaftlichen Hausordnung sind nach- folgende Bestimmungen zu beobachten:

1) Die Treppen und Flure werden von den Miethern ein= und desselben Stockwerks abwechselnd eine Woche hindurch täglich Morgens vor 9 Uhr abgefegt und Sonnabends gescheuert (wo dieselben aber gestrichen sind, nur

aufgewischt), das Apartement aber nach der herumgehenden Reinigungskarte Mittwochs und Sonnabends gescheuert und eine Woche hindurch rein erhalten; ebenso werden auch die Flurfenster von den betreffenden Miethern abwechselnd wöchentlich gereinigt und geputzt. Die gemeinschaftlichen Treppen und Gänge zu den Böden und Kellern werden von den betreffenden Miethern abwech= selnd monatlich gefegt und von Spinnweben befreit. Wo Hintertreppen vorhanden sind, dürfen nur diese von den Dienstboten benutzt werden. Die Reinigungskarten werden Sonnabends dem Vermiether zugestellt.

2) Müll, Glas, Scherben, Küchenabgänge und unreine Flüssigkeiten dürfen nur an den dazu bestimmten Ort hingeschüttet werden. Gefäße mit übelriechenden Stoffen dürfen nur nach 10 Uhr des Abends und gut ver= schlossen ausgetragen werden. Weder des Miethers eigene, noch fremde be= ladene oder unbeladene große oder Handwagen dürfen auf oder durch den Hausflur fahren.

3) Das Zerkleinern des Brennmaterials, als: Holz, Kiehn, Torf, Coaks, Kohlen in der Wohnung, auf dem Boden oder im Keller wird streng untersagt und darf nur an dem dazu angewiesenen Orte auf dem Hofe vor= genommen werden. Handelt der Miether gegen dieses Verbot, so räumt er dem Vermiether das Recht ein, die dadurch am Feuerherde, den Fliesen, Dielen 2c. gemachten Beschädigungen sofort auf des Miethers Kosten wieder= herstellen zu lassen. Brennmaterial darf, außer im Holzgelaß und in der Küche, nirgend in den gemietheten Räumen aufbewahrt werden, und in der Küche auch nur das zum täglichen Verbrauch erforderliche Quantum. Es darf kein eiserner Ofen gebraucht, in den Kachelofen kein Rohr geleitet und auf dem Heerde mit einer Kochmaschiene kein offenes Feuer gemacht werden. Die Zeit für das Zerkleinern des Brennmaterials ist im Sommer von   Uhr Morgens bis   Uhr Abends, im Winter von   Uhr Morgens bis   Uhr Abends.

4) Am Brunnen auf dem Hofe, dessen Gebrauch der Vermiether, be= sonders im Winter, zum Wäschespülen und Gefäßscheuern beschränken oder auch ganz versagen kann, darf kein unreines Wasser ausgegossen werden, vielmehr ist solches nach der Senkgrube zu schaffen. Eben so wenig darf auch im Winter Wasser in die Goßsteine geschüttet werden. Das Beschüt= ten der Treppen und Flure mit Wasser oder anderen Flüssigkeiten muß vermieden und das Wasser beim Scheuern oder sonstigen Verschütten so= gleich aufgetrocknet werden. Bei vorkommenden Unreinlichkeiten ist der Ver= miether berechtigt, die Goßkasten zu revidiren und bei Frostwetter zu ver= schließen. — Die Gefäße werden am Brunnen auf dem Hofe gescheuert.

5) Miether hat darauf zu achten, daß von den Seinigen oder seinen Dienstleuten jede Verunreinigung des Hofes, des Hausflurs und der Trep= pen vermieden wird. Unreinigkeiten, sie mögen innerhalb des Hauses oder auf dem Hofe sich befinden, müssen sogleich von den betreffenden Miethern weggeschafft werden. Alle durch Herbeischaffung des Brennmaterials auf der Straße, dem Hofe, den Treppen und Fluren verursachte Verunreini= gungen müssen nach abgemachter Sache sogleich beseitigt werden.

6) Auf dem Hofe, den Fluren, Treppen, Kellergängen und sonstigen zum gemeinschaftlichen Gebrauche bestimmten Räumlichkeiten darf nichts

aufgestellt, hingelegt oder hingehängt werden. Victualien und andere Dinge, die durch ihre Ausdünstung oder andere Eigenschaften dem Gebäude nach= theilig und für die Mitbewohner unangenehm sind, dürfen in der Woh= nung nicht aufbewahrt werden. Eben so wenig dürfen große Gefäße mit Wasservorräthen zur Wäsche in der Wohnung oder auf den Fluren auf= gestellt werden; Regen= oder Flußwasser darf nur in den Kellern auf= bewahrt werden.

7) Die Haus=, Flur= und Treppenthüren sind jederzeit, die Kellerthüren und Kellerluken aber bei Frostwetter sorgfältig zuzumachen, damit Niemand an seinen Victualien oder anderen Dingen in den Kellern Schaden leide. Der hiergegen Handelnde ist verpflichtet, den auf diese Weise verursachten Schaden zu tragen. An Sonn= und Festtagen ist die Anfuhr von Brenn= material nicht gestattet. Brennholz und Torf müssen vor dem Hause abge= laden und das Erstere auch dort oder auf den Holzplätzen gesägt und gespalten werden, da Klobenholz nicht in die Wohnung gebracht werden darf. Braunkohlen, Steinkohlen, Coaks dürfen ohne schriftliche Genehmigung des Vermiethers zur Heizung nicht benutzt werden.

8) Das Waschen und Trocknen der Wäsche in der Wohnung, der Küche oder auf den Fluren ist nicht gestattet, eben so wenig dürfen die Balcons, Gallerien oder Fenster zum Wäschetrocknen oder Sonnen der Betten benutzt werden. Zur Reinigung der Wäsche ist ohne alle Ausnahme das Waschhaus und zum Trocknen derselben der Trockenboden bestimmt, die Benutzung der= selben kann aber nur in der Reihenfolge der Meldungen Statt finden und es muß daher von dem beabsichtigten Gebrauche dem Vermiether zeitig vorher Anzeige gemacht werden. Die Benutzung des Waschhauses kann nur   Tage und die des Trockenbodens nur   Tage gestattet werden. Auch darf auf dem Trockenboden kein Wasser von der Wäsche abtropfen. Das Waschen und Trocknen der Wäsche für Leute außer dem Hause ist nur mit besonderer Erlaubniß des Vermiethers gestattet. Nach gemachtem Gebrauche muß Alles gehörig gereinigt und gescheuert und die Schlüssel sogleich dem Ver= miether eingehändigt werden. — Für die Benutzung des eingemauerten Waschkessels sind bei Ablieferung der Waschkeller= und Trockenbodenschlüssel Sgr. zu entrichten. — Auf dem Hausflur, auf den Treppenfluren oder Gängen, auf den Treppen selbst oder über die Treppengeländer darf Miether oder seine Angehörigen oder Dienstboten kein Zeug, keine Teppiche oder Decken ausklopfen oder ausschütteln und kein Schuhwerk dort putzen lassen.

9) Diejenigen Miether, welchen außer ihrem Wohngelaß noch ein Boden= theil eingeräumt ist, sind verpflichtet, die Dachfenster bei eintretendem Regen= oder Schneewetter zu schließen, den Boden von dem etwa eingetriebenen Schnee zu reinigen und jeden bemerkten Schaden des Daches und etwaiges Eindringen des Regens dem Vermiether anzuzeigen.

10) Die nöthige Achtsamkeit auf Feuer und Licht ist Pflicht eines jeden Miethers. Es darf daher Niemand mit brennendem Licht, ohne daß dasselbe in einer Laterne sich befindet, auf den Boden, den Hof, das Apartement, in den Keller, die Remise und Stallung gehen, noch weniger darf Asche in der Wohnung, auf dem Boden oder im Keller aufbewahrt werden, sondern die= selbe muß, nachdem sie gehörig mit Wasser gedämpft worden ist, an den dazu

bestimmten Ort geschüttet werden. Der Miether ist für allen Schaden, welcher durch seine und seiner Angehörigen oder seiner Dienstleute Fahrlässigkeit entsteht, verhaftet.

11) Blumenbretter dürfen nicht vor den Fenstern angebracht werden, eben so wenig Blumentöpfe außerhalb der Fenster gestellt und weder Wasser aus denselben geschüttet, noch sonst etwas hinausgestellt, gehängt, gelegt oder geworfen werden.

12) Diejenigen Miether, denen die Mitbenutzung des Gartens eingeräumt worden ist, haben zu beachten, daß den Dienstboten der Zutritt in denselben nur bei Anwesenheit der Herrschaft und unerwachsenen Kindern nur in Gegenwart der Eltern gestattet ist. Verletzungen dieser Bedingungen oder Beschädigung an Gewächsen oder andern Gegenständen im Garten berechtigen den Vermiether zur augenblicklichen Entziehung der Benutzung desselben.

13) Haus=, Nutz= oder andere Thiere irgend einer Art zu halten ist nur mit schriftlicher Genehmigung des Vermiethers gestattet. — Schilder am Hause dürfen ohne Genehmigung des Vermiethers nicht angebracht werden.

14) Der Miether, welchem gestattet worden ist, Schlafleute oder andere Personen in die Wohnung aufzunehmen, bleibt in jeder Beziehung für dieselben verantwortlich. Unsichere und liederliche Personen dürfen im Hause gar keinen Aufenthalt finden.

15) Das Closet muß zwar beim Gebrauch mit Wasser versehen werden, um einen üblen Geruch zu vermeiden, aber es darf der Hahn der Wasserleitung nicht zu früh geöffnet werden und nach dem Gebrauch des Closets ist derselbe sofort zu schließen, um jede Verschwendung des Wassers zu verhüten. Auch darf in das Closet nichts entleert oder geworfen werden, wodurch eine Verstopfung herbeigeführt werden könnte, tritt eine solche aber dennoch ein, so ist der Miether verpflichtet, dieselbe auf seine Kosten zu beseitigen. Wenn die hier gegebene Andeutung zum Gebrauch des Closets nicht beachtet wird und der durch eine Verstopfung bedingte Uebelstand für die Wohnung resp. das Haus eintritt, so ist der Vermiether berechtigt, den Gebrauch des Closets dem Miether zu entziehen. — Von den Dienstboten darf das Closet nicht benutzt werden.

16) Das Umherstehen und Sitzen und das Kinderwarten und Spielen der Kinder vor den Hausthüren, in den Höfen, auf den Treppen und Fluren ist nicht gestattet.

17) Uebrigens ist alles Zanken, Musiciren, Singen, alles unnütze Geräusch des Gesindes, Thürenwerfen, starkes Treppenlaufen, Kindergeschrei u. s. w. im Hause und im Hofe untersagt. Das Gehen mit Holzpantoffeln oder Pantinen sowohl in der Wohnung, als auf den Treppen und Treppenfluren ist unter keinen Umständen gestattet.

18) Das Haus wird im Sommer um 11 Uhr, im Winter um 10 Uhr geschlossen, und Miether wie dessen Angehörige und Inlieger dürfen nach dieser Zeit die Ruhe der Hausbewohner nicht durch Rufen oder Klopfen stören. Schlafleuten oder andern inliegenden Personen darf der Hausschlüssel ohne besondere Einwilligung des Vermiethers nicht gegeben werden. Sollte der Hausschlüssel verloren gehen, so muß dem Vermiether sofort davon Anzeige gemacht werden, um erforderlichen Falls das Schloß und sämmtliche Schlüssel

auf Kosten des Miethers verändern laffen zu können. Für die unterlaffene Schließung des Haufes ist der Vermiether nicht verantwortlich. — Sollte Miether oder deffen Angehörige von 10 Uhr Abends bis 5 Uhr Morgens die Hausthür paffiren und fie nicht verfchließen, fo ift er verpflichtet, die daraus entftehenden Schäden und Kosten zu tragen.

§. 10. Miether verpflichtet fich fowohl für fich, als auch für feine Ange= hörigen, Dienftboten, Inlieger und Aftermiether zur genauen Befolgung der vorftehend in § 9 unter 1—18 aufgeführten Hausordnung und hat diefelben mit diefen Artikeln fowohl, als auch mit den fie betreffenden übrigen §§ diefes Kontrakts bekannt zu machen und zur pünktlichen Beachtung derfelben anzuhalten. Ebenfo verpflichtet fich Miether, alle durch Verletzung der in § 9 unter 1—18 aufgeführten Hausordnung und der übrigen §§ diefes Kontrakts entftandene Befchädigungen fofort auf feine Kosten wiederherftellen zu laffen oder dem Ver= miether die gemachten Auslagen zu erftatten.

§ 11. Die Kosten des Stempels zu diefem Kontrakt trägt der Miether und übernimmt auch die Verpflichtung, bei Verlängerung des Kontrakts die rechtzeitige Erneuerung des Stempels zu bewirken und bei etwaiger Verfäumung die fämmtlichen daraus entftehenden Folgen und Kosten allein zu tragen. — Das Mobiliar, welches der Miether in die Wohnung bringt, ift weder vom Möbelhändler auf monatliche Abzahlung entnommen, noch fonft der Befitz deffelben durch die Rechte eines Dritten beeinträchtigt, fondern fein unbefchränktes Eigenthum, und ift, fowie alle eingebrachten Gegenftände, dem Vermiether für den richtigen Ein= gang der Miethe während der Dauer diefes Kontrakts verpfändet. Es darf daher der Miether ohne Genehmigung des Vermiethers kein Stück diefes Mobiliars eher aus der Wohnung entfernen, als bis der in diefem Mieths= kontrakte feftgefetzte Miethszins vollftändig bezahlt ift. — Wenn eine Retention der vom Miether eingebrachten Gegenftände ftattgefunden hat, foll der Ver= miether berechtigt fein, diefelben ohne richterliche Dazwifchenkunft öffentlich zu verkaufen und aus dem Erlöfe feine Befriedigung zu fuchen.

§ 12. Diefer Kontrakt darf an Niemand ohne die fchriftliche Genehmigung des Vermiethers abgetreten oder ein Aftermiether eingefetzt werden, dagegen fteht dem Vermiether das Recht zu, zur Wahrnehmung feiner Rechte fich jeder= zeit einen Andern zu fubftituiren, und follte das Haus verkauft werden, fo foll der neue Wirth berechtigt fein, diefen Kontrakt gegen eine monatliche Kün= digung aufzuheben. — Die Verweigerung zur Abtretung diefes Kontrakts oder Einfetzung eines Aftermiethers berechtigt den Miether nicht zu einer außer= gewöhnlichen Kündigung des Miethsvertrages. — Nach erfolgter Räumung wird der Miether die Wohnung mit fämmtlichen Schlüffeln dem Vermiether über= geben, um etwaige Befchädigungen feftzuftellen und die Kosten für deren Repa= ratur zu vereinbaren; erfolgt diefe perfönliche Uebergabe nicht, fo ift der Ver= miether berechtigt, den Zuftand der Wohnung in Gegenwart von Zeugen feft= ftellen zu laffen und die nothwendigen Reparaturen auf Kosten des Miethers zu bewirken, zu deren Erftattung der Miether fich hiermit verpflichtet.

§ 13. Die Kündigung diefes Kortraktes muß fpäteftens   Monat Tage vor Ablauf deffelben erfolgen: gefchieht dies von keiner Seite, fo ift er als auf   Jahr   Monat verlängert zu betrachten und behält in allen Punkten feine Gültigkeit. Diefe ftillfchweigende Prolongation wiederholt sich so lange, bis von einem der Kontrahenten eine Kündigung erfolgt. Nach erfolgter Kündigung der Wohnung muß die letztere zu jeder Tageszeit auf Verlangen des Vermiethers oder seiner Beauftragten ohne Weigerung sofort geöffnet werden und der Besichtigung freistehen, und es müssen daher bei etwaiger Entfernung sämmtlicher Personen des Hausstandes des Miethers oder Räumung der Wohnung vor Ablauf des Kontrakts die Schlüssel dem Vermiether vorher eingehändigt oder im Hause ein Stellvertreter des Miethers bestimmt werden, welcher die Wohnung zu jeder Tageszeit zur Besichtigung öffnet. Aber auch schon vor der Kündigung ist der Miether verpflichtet, die Besichtigung der Wohnung zu jeder Tageszeit zu gestatten; verweigert er eine solche oder wird sie durch seine Schuld unmöglich gemacht, so verpflichtet er sich, den Vermiether für jeden daraus entstandenen Verlust zu entschädigen.

§ 14. Wird dieser Kontrakt, mit Inbegriff der in § 9 von 1—18 ent= haltenen Hausordnung und der etwaigen nachträglichen Bestimmungen, von Seiten des Miethers, seinen Angehörigen, Dienstboten, Inliegern oder Schlaf= leuten und Aftermiethern, für welche Miether verantwortlich ist, nicht in allen Theilen erfüllt, so ist der Vermiether berechtigt, nicht nur auf Erfüllung des Vertrages, sondern auch auf Exmission zu klagen und die sofortige Räumung der Wohnung ohne vorausgegangene Kündigung zu verlangen, der Miether ist aber in diesem Falle verpflichtet, noch vor der Räumung die volle Miethe für die Dauer des Kontrakts zu bezahlen.

Beide Contrahenten begeben sich ausdrücklich aller Einwendungen und Aus= flüchte gegen diesen Kontrakt, haben denselben selbst gelesen, überall genehmigt und durch ihre eigenhändige Unterschrift vollzogen. Auch ist jedem Contrahenten ein vollkommen gleichlautendes Exemplar dieses Kontrakts übergeben worden.

So geschehen Berlin, den   ten   187

Nachträgliche Bestimmungen.

Verfasser schlägt folgende vor:

„Der Miether hat nach diesem Kontrakte nur Pflichten und keine Rechte, der Vermiether dagegen nur Rechte und keine Pflichten. Nach diesem Grund= satze sind alle Differenzpunkte zwischen Miether und Vermiether zu erledigen, wenn letzterer nicht vorziehen sollte, erstern, schon wegen Erhebung solcher Punkte, sofort zu exmittiren und sich für die Bezahlung der Miethe für die ganze Kontraktsdauer aus den zurück zu behaltenden Sachen des Miethers ohne Weiteres bezahlt zu machen."

Druck von Bär & Hermann in Leipzig.

www.ingramcontent.com/pod-product-compliance
Lightning Source LLC
Chambersburg PA
CBHW030545270326
41927CB00008B/1523